Auferstehung oder Reinkarnation?

Renold J. Blank

Auferstehung oder Reinkarnation?

Matthias-Grünewald-Verlag · Mainz

Der Matthias-Grünewald-Verlag ist Mitglied
der Verlagsgruppe engagement

Die Deutsche Bibliothek – CIP-Einheitsaufnahme

Blank, Renold J.:
Auferstehung oder Reinkarnation? / Renold J. Blank. – Mainz :
Matthias-Grünewald-Verl., 1996
ISBN 3-7867-1900-4

Umschlag: Thomas & Thomas Design, Heidesheim
Foto: foto-present, Essen
Satz: Jörg Eckart, Mainz
Druck und Bindung: Clausen & Bosse, Leck

ISBN 3-7867-1900-4

Inhalt

1. Teil

Zwei Alternativen: ein Grundentscheid des Glaubens

1. Auferstehung oder Wiedergeburt: ein Glaubensentscheid

Von Brasilien wird gesagt, es sei das katholischste Land der Welt. Aber 45% seiner Bevölkerung glauben an eine Wiedergeburt nach dem Tod.[1] Die angesehene Wochenzeitschrift Veja publizierte am 25. Dezember 1991 einen Artikel zum Thema der Glaubenssituation in Brasilien. Darin heißt es, daß 30% aller brasilianischen Katholiken annehmen, nach ihrem Sterben wiedergeboren zu werden.

Eine hohe Zahl. Und bedenklich obendrein. Ein Beweis dafür, wie weit sich die Menschen in Südamerika von der kirchlichen Doktrin entfernten? Ist es das?

Und – ist die Situation bei uns viel besser? Sind nicht auch wir Europäer in zunehmendem Maß mit den gleichen Fragen konfrontiert?

Auferstehung oder Wiedergeburt? Wer hat recht?

Sind Sie selbst so sicher, daß nicht auch Sie wieder zu einem neuen Leben erscheinen werden? Wiedergeboren – ein neuer Versuch – ein neues Leben – eine zweite Chance, wenn die erste vorbeiging, ohne genutzt zu werden?

Interessante Fragen, und keineswegs unberechtigt, so glaube ich. Eine Repräsentativbefragung des religionssoziologischen Institutes St. Gallen ergab für die Schweiz den beachtlichen Prozentsatz von 29% der Bevölkerung, die sich als Anhänger der Reinkarnationslehre bezeichnen.[2]

Die Frage nach einer möglichen Wiedergeburt ist auch in Europa keine rhetorische Frage mehr. Die Spiritisten aller

[1] Dies geht aus einer soziologischen Studie der brasilianischen Bischofskonferenz hervor, die den religiösen Pluralismus in Brasilien untersuchte. Vgl.: Studien der CNBB No. 62:A Igreja Católica diante do Pluralismo religioso do Brasil, São Paulo, ed. Paulinas 1991.

[2] Vgl. den entsprechenden Artikel in der Wochenzeitschrift „Der Sonntag“ (71), 3. Jan. 1990, S. 21. Interessante weitere Daten finden sich in: Alfred Dubach/Roland J. Campiche (Hrsg.), Jeder ein Sonderfall? Religion in der Schweiz, Zürich/Basel 1993.

Schattierungen berufen sich darauf. New Age und Anthroposophen vertreten sie. Und die neuen esoterischen Kulte setzen sie ins Zentrum ihres Glaubens. Die Informationen über Regressionen in frühere Leben nehmen zu, und es sind nicht etwa Scharlatane, die darüber berichten, sondern angesehene Wissenschaftler, Parapsychologen und Ärzte.

Was soll man glauben? Wem soll man glauben? Stehen wir vor einem neuen theologischen Durchbruch, der durch wissenschaftlich-empirische Experimente den Jahrtausende alten Glauben an eine Wiedergeburt nicht nur wahrscheinlicher macht, sondern gar bestätigt? Oder ist die steigende Welle der neuen Anhänger einer Wiedergeburts-Lehre vielmehr das Resultat einer zunehmenden Unzufriedenheit mit den traditionellen Antworten der Kirchen? Der Fragen sind viele. Die traditionellen Überzeugungen geraten ins Wanken. Wer hat recht?

„Entwickle deine Fähigkeiten der Regression", heißt das neue Schlagwort vieler Christen. Die „bereits fortgeschrittenen" Anhänger der Wiedergeburts-Lehre präsentieren Beweise, wissenschaftlich fundiert, sagen sie, und zitieren Namen. Wer hat recht? Das Medium, das sich auf seinen direkten Kontakt mit der Geisterwelt beruft, oder der Pfarrer, in Ehren ergraut, der nach wie vor die bekannte These verkündet, nach dem Tod würden wir auferstehen, auferweckt werden durch Gott zu einem neuen Leben, einem anderen Leben? Zu einem Leben, das noch nie jemand sah und das in vielen Fällen keineswegs als sehr attraktiv erscheint. Die Feuer der Hölle sind nicht vergessen, und als Halleluja-Sänger auf Abendwolken sehen sich die meisten unserer Zeitgenossen nicht.

Die Frage wird gestellt. Und sie verstummt auch durch die vorwurfsvollen Blicke jener nicht, die sich auf sakrosankte, ewige und unveränderbare Dogmen der kirchlichen Autorität berufen.

Autoritätsbeweise, das weiß jeder pädagogische Laie, sind die schlechtesten Beweise, und in der heutigen Zeit wirken sie schlechter denn je. Von der Zukunft schweigen wir.

Wer also hat recht? Die Frage ist gestellt.

Leben wir ein einziges Leben? Oder leben wir mehrere Leben, in deren Verlauf wir unser Karma reinigen und unsere Persönlichkeit entwickeln, bis hin zu jenem Grad, wo wir endlich fähig und bereit sind, in die göttliche Dimension einzugehen?

Derart vor die Alternative gestellt, bleibt uns am Beginn unserer Suche nur ein Bekenntnis: Weder die Antwort der Spiritisten noch jene der Christen läßt sich wissenschaftlich beweisen. Beide gründen auf der Überzeugung eines Glaubens. An ihrem Grund finden sich keine wissenschaftlichen Fakten, sondern religiöse Grundentscheide. Sie basieren auf einem Glauben. Jeder Glaube aber gründet letztlich auf dem Vertrauen, daß jene, auf deren Wort hin wir glauben, uns nicht täuschen.

Diese grundlegende Tatsache läßt sich auch durch die unzähligen Berichte nicht entkräften, mit denen die Vertreter der Wiedergeburt ihre Überzeugung zu beweisen suchen. Sie wird aber ebensowenig beseitigt durch den Rückzug auf die Dogmen eines als unfehlbar erklärten Lehramtes.

Die Grundfrage, die sich uns stellt, ist diese:
Lebt der Mensch ein einziges Leben, oder lebt er mehrere aufeinanderfolgende Leben in verschiedenen geschichtlichen Zeiten?

Eine vorurteilslose Analyse zeigt, daß die meisten der sogenannten Beweise einer Wiedergeburt den wissenschaftlichen Ansprüchen an einen Beweis nicht standhalten. Andererseits überzeugt in einer nachindustriellen Epoche auch der Hinweis auf unfehlbare Dogmen kaum jemanden mehr ernsthaft.

Und so bleibt uns denn als Ausgangsbasis nur die soziologisch belegte Tatsache, daß jede religiöse Überzeugung ihrerseits auch jene Erfahrungen bewirkt, die die Überzeugung bestätigen.[3]

Ein unsicherer Boden für empirische Beweise. Der Ruf nach wissenschaftlichen Belegen verhallt ins Leere. Es hat keinen Sinn, nach Beweisen zu schreien, die je nachdem die Richtig-

3 Vgl.: Reinhard Hummel, Reinkarnation, Stuttgart/Mainz 1988, S. 21.

keit oder die Falschheit der Wiedergeburts-Lehre beweisen sollten. Für jeden Beweis findet sich ein Gegenbeweis, und jedes rationale Argument läßt sich durch ein anderes rationales Argument entkräften. Dies ist die Situation, und ihr gegenüber in voller Ehrlichkeit ja zu sagen, ist das Gebot der Stunde:

Das Ja zur Wiedergeburts-Lehre bleibt ebenso wie das Ja zur Lehre von der Auferstehung im Letzten ein Glaubensentscheid.

Diesen Glaubensentscheid kann ihnen keiner abnehmen, und ihre einzige Sicherheit dabei ist das Vertrauen, daß sie nicht getäuscht werden von jenen, auf deren Aussage hin sie letztlich, ihren Entscheid zu fällen beschlossen.

Entscheiden aber müssen sie selbst. Auf zwei Gleisen kann man nicht fahren. Genau dies aber möchten so viele Christen gerne tun: Christsein und dennoch an eine Wiedergeburt glauben.

Dies aber ist ein Widerspruch, und das Warum dieses Widerspruchs werden wir im Verlauf dieses Buches aufzeigen.

Wir stehen vor einer Alternativa, bei der nur die Entscheidung in die eine oder andere Richtung möglich ist:

Auferstehung *oder* Wiedergeburt.

Der Glaube an eine Auferweckung und der Glaube an eine durch das karmische Gesetz determinierte Wiedergeburt schließen sich gegenseitig aus!

Das vorliegende Buch will die Gründe für diesen gegenseitigen Ausschluß darlegen. Und es will Argumente und Gedanken aufzeigen, die es möglich machen, sich für die eine der beiden Alternativen zu entscheiden. Die Entscheidung selbst aber, die müssen Sie alleine fällen. Darum kommen Sie nicht herum.

2. Die Grundfrage: Was erwartet uns nach dem Tod?

Eines der drängendsten und oft beängstigendsten Grundanliegen des Menschen ist die Frage nach seinem letzten Sinn und Ziel. Was geschieht mit mir nach dem Tod?

Werde ich im Nichts versinken, so daß der Tod das Ende all dessen bedeutet, was ich einmal war? Wird die einzige Spur, die ich einmal hinterlasse, die Erinnerung im Geist einiger mir nahestehender Menschen sein? Und auch sie werden mich in Bälde vergessen; wie Rauch verweht, gewesen, vorbei.

Oder werde ich weiterexistieren, in neuen, nicht vorstellbaren Existenzformen vielleicht? Hat meine Existenz eine Zukunft, die über meine Lebensspannne hinausgeht? In andere Dimensionen übergeht? Ein letztes Ziel und einen letzten Sinn erreicht?

Das sind die Fragen, und sie zu beantworten ist die Grundvoraussetzung jeder weiteren Reflexion.

Ein Grundentscheid ist zu treffen, und die Alternativen dieses Entscheides lauten wie folgt:

Der Mensch verschwindet nach seinem Tod im Nichts	← **oder aber** →	**Das Leben des Menschen ist mit dem Tod nicht zu Ende**

Sie können im Gefolge einer der vielen atheistischen Strömungen von heute die Meinung vertreten, daß der Tod das endgültige Verschwinden und Ausgelöscht-Werden all dessen bedeute, was der Mensch je war. Damit verbleiben ihnen zwei Möglichkeiten, um das menschliche Leben zu erklären: Entweder es ist eine absurde und letztlich sinnlose Verschleuderung von Energie, oder aber es wird zum absoluten und endgültigen Wert, und die einzig sinnvolle Art zu leben besteht darin, die Freude dieses Lebens zu genießen, so lange und so intensiv wie möglich. Ist es einmal vorbei, dann wird all das, was ich war, verschwinden und vernichtet werden in einem absoluten Nichts. Das ist die eine der Alternativen. Sollten Sie sich jedoch dafür entscheiden, ein Weiterleben nach dem Tode anzunehmen, dann stellt sich sogleich die Frage, wie jenes Weiterleben denn zu denken sei. Ist es ein Weiterleben als gesichtsloser Schatten, so wie die Antike es glaubte? Bedeutet es das Eingehen in ein kosmisches Energie-Potential, das jede Persönlichkeit auslöscht und jede Individualität vernichtet? Oder wird es zum Gipfel und zur höchsten Vollendung all dessen, was menschliche Existenz beinhaltet, zum Erreichen eines letzten Ziels und eines letzten Sinns zur Vollendung jeder nur denkbaren Evolution des menschlichen Ich, wo jede Veränderung aufhört und jede provisorische und fragmentarische Lösung endlich ihre endgültige und beglückende Vollendung findet?

Das ist eine der weiteren Alternativen, vor welche die Frage nach einem Leben nach dem Tode den Menschen stellt. Grundsätzliche Alternativen, denen gegenüber Sie Stellung beziehen müssen.

Aber selbst dann, wenn Sie sich im Gefolge einer langen abendländischen Tradition für den Glauben entscheiden, daß der Tod nicht das Ende sei, sondern daß mit ihm im Gegenteil die letzte und endgültige Vollendung des Menschen sich vollziehe, sind Sie noch nicht am Ende.

Denn jetzt gelangen Sie zur eigentlichen Frage unseres Buches. Zur Grundfrage nach dem Weg, der zu jener letzten und endgültigen Vollendung führt.

Und die Antwort, die Sie auf diese Frage zu geben sich entscheiden, diese Antwort ist wiederum ein Glaubensentscheid. Ungeachtet aller rationalen Argumente und aller philosophischen Hinweise, stehen Sie jetzt vor jenem Grundentscheid des Glaubens, in dem sich die Alternativen von Auferweckung und Wiedergeburt gegenüberstehen.

Das Modell eines Heilsweges durch fortlaufende Wiedergeburten wird vertreten durch die verschiedenen Richtungen des Spiritismus, durch esoterische Gruppen und durch die Doktrin des New Age. Es findet sich weiterhin in den großen indischen Religionen, in der Anthroposophie Rudolf Steiners, der Theosophie und selbst in der Philosophie des Platon. Die Konzeption eines einmaligen Lebens mit darauffolgender Auferweckung durch Gott findet sich in letzter Konsequenz bei einem Mann aus Nazaret, Jesus, den sie den Christus nannten.

Der Mensch, so sagt die eine dieser Doktrinen, gelangt zu seiner Vollkommenheit auf dem Weg über eine Abfolge von sich wiederholenden Leben. In diesen aufeinanderfolgenden Existenzen reinigt er sein Karma in einem ständig aufsteigenden Weg der Vervollkommnung und der Besserung, um dadurch schließlich zu seiner letzten Vollendung zu gelangen. Damit erreicht er nach so und so vielen Wiedergeburten und den darauffolgenden gelebten Leben das Ziel der menschlichen Existenz, sein ewiges Heil.

Der Mensch, sagt die andere Doktrin, gelangt zum letzten Ziel und zur Vollkommenheit seines Lebens auf dem Weg eines einzigen und einmal gelebten Lebens. In diesem einzigen, nicht wiederholbaren und einmaligen Leben entscheidet sich seine endgültige Situation. Dies ist die Überzeugung der jüdisch-christlichen Religion.

Der Mensch gelangt an sein letztes Ziel auf dem Weg über eine Abfolge von Wiedergeburten und aufeinanderfolgenden geschichtlichen Existenzen

← oder aber →

Der Mensch gelangt an sein letztes Ziel auf dem Weg eines einzigen und definitiven Lebens

Angesichts dieser letzten Alternative muß sich der Mensch nun entscheiden. Soll er der einen Doktrin folgen, oder soll er der anderen den Vorzug geben?

Die Doktrinen, zwischen denen er zu entscheiden hat, sind in der Tat Alternativen. Es sind nicht Vorschläge, die sich gegenseitig ergänzen, so wie man es heute oft zu hören bekommt. Es sind Grundkonzeptionen, die sich ausschließen. Der Entscheid für die eine bedeutet die Negation der anderen.

3. Wiedergeburt: die Konzeption des Spiritismus, des New Age und vieler esoterischer Gruppen

Wenn ich in Lateinamerika und ganz besonders in Brasilien danach frage, was den Menschen nach seinem Tod erwarte, dann stelle ich fest, daß ein Großteil der Bevölkerung in seiner Antwort der Linie Allan Kardecs und des von ihm im 19. Jh. abgeleiteten Spiritismus folgt. Die Grundkonzeption dieser Doktrin besagt, daß der Mensch nach seinem Tode zu einem neuen Leben in dieser Welt wiedergeboren werde, indem seine Seele sich in einen neuen Körper inkarniert.

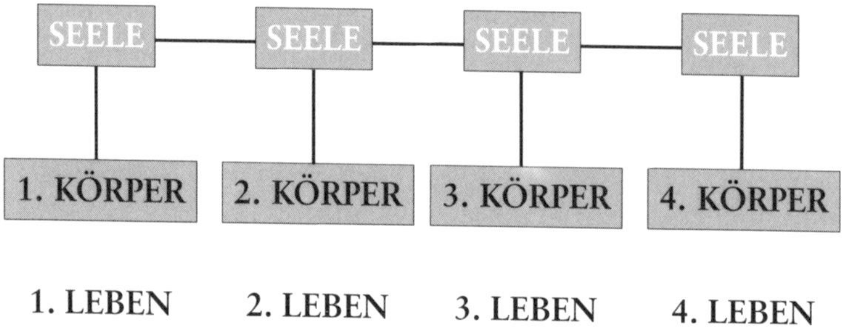

Jedes neue Leben aber ist eine weitere Möglichkeit, um seine persönlichen Fähigkeiten zu entwickeln und sein Karma zu reinigen, denn an ein zweites Leben schließt sich ein drittes an, an dieses ein viertes und so fort. Die Kette der Wiedergeburten dauert bis hin zu jenem fernen Zeitpunkt, wo der Mensch endlich, nach einer aufeinanderfolgenden Vielzahl von geschichtlichen Leben, sein Karma gereinigt hat. Damit ist sein Endziel erreicht, er braucht nicht mehr wiedergeboren zu werden, er ist vollendet und geht ein in eine Daseinsebene des Heils.

4. Auferweckung durch Gott: die Konzeption der christlichen Religion

Im Gegensatz zu der im vorherigen Kapitel kurz skizzierten spiritistischen Lehre betont das Christentum mit Nachdruck die Überzeugung, daß der Mensch nur ein einziges Mal hier auf Erden lebe. Sein Leben ist einmalig, unwiederholbar, und wird nach dem Tode nicht auf der gleichen Seinsebene in anderer geschichtlicher Zeit erneut gelebt. Es wird vielmehr fortgesetzt auf einer höheren Seinsebene, welche die Seinsebene Gottes ist.

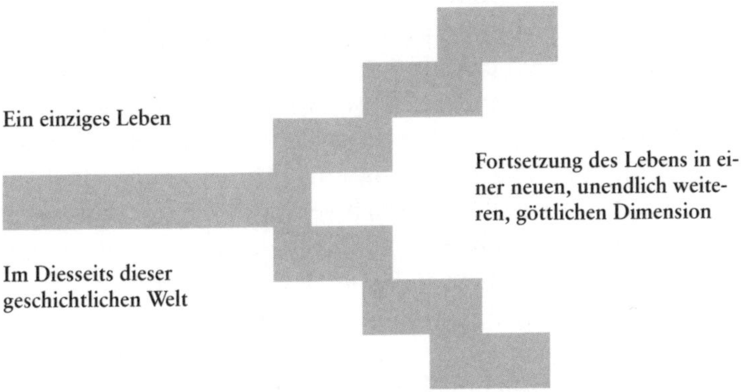

Die gegenwärtige Erfahrung zeigt, daß eine immer größere Zahl von Menschen auch in den sogenannten entwickelten Ländern sich durch dieses Schema nicht mehr überzeugen läßt. Statt dessen gewinnt die Konzeption der Wiedergeburts-Lehre zunehmend an Anhängern.

Diese Tatsache muß keineswegs von vornherein als nur negativ gesehen werden. In ihr widerspiegelt sich vielmehr die tief im Menschen verankerte Überzeugung, daß der Tod nicht einfach das Ende des Menschen sein kann, seine Auslöschung und Vernichtung. Das wachsende Interesse an den verschiedenen Wiedergeburts-Lehren wird damit zu einer klaren Absage an eine einseitig durch Materialismus und Konsumismus geprägte Welt.

Andererseits aber zeigt die zunehmende Hinwendung zu Karma und Wiedergeburt auch eine wachsende Ablehnung der Botschaft von der Auferweckung der Toten. Der Grund für eine solche Ablehnung dürfte vermutlich nicht in erster Linie in einer Zurückweisung der eigentlichen Auferstehungsbotschaft zu suchen sein, sondern weit mehr in der Tatsache, daß diese Botschaft im Verlauf der Jahrhunderte stark mit den bedrohenden Elementen einer möglichen ewigen Verdammnis durchmischt wurde. Aus der frohen Botschaft der Auferstehung wurde für viele Christen eine Drohbotschaft. Als Folge entstand eine Religion, deren befreiender Kern verdunkelt wurde durch die Angst, jenes letzte und endgültige Ziel nicht zu erreichen, sondern im Gegenteil davor zu scheitern. Die Konsequenzen eines solchen Scheiterns aber wurden über Jahrhunderte in den erschreckendsten Farben geschildert.

Vergangene Jahrhunderte ließen sich auch schrecken. Für große Massen wurde die christliche Religion zu einer Religion der Furcht vor ewiger Verdammnis. Diese Grundsituation scheint bis heute nicht wesentlich verändert zu sein. Eine von mir in São Paulo durchgeführte Untersuchung wies derartige Angstdimensionen bei 66% bis 48% der Bevölkerung nach. Angst aber bewirkt Reaktionen der Flucht. Einer der Wege solcher Flucht scheint sich in der Option für die Wiedergeburt zu eröffnen. Wenn nämlich nach diesem Leben ein weiteres Leben möglich ist, dann ergibt sich damit auch eine neue Möglichkeit, das, was vielleicht im ersten Leben verpfuscht wurde, in einem zweiten Leben neu zu versuchen. Es eröffnen sich neue Chancen. Das mögliche Scheitern eines Lebensplanes ist nicht endgültig, und damit verliert auch die drohende Möglichkeit eines ewigen Verderbens ihr erschreckendes Angstpotential. Es eröffnen sich neue Dimensionen der Hoffnung.

Solche zum großen Teil unbewußten Beweggründe werden in der Diskussion um die Wiedergeburts-Lehre nicht gerne gehört. Und doch dürften sie die wichtigsten Ursachen für ihre steigende Attraktivität sein.

Bei vielen Christen dürfte der Entscheid für die Wiedergeburts-Lehre motiviert sein durch eine mehr oder weniger unbewußte Ablehnung einer kirchlichen Botschaft, in der zu sehr die Drohung einer möglichen ewigen Verdammnis im Vordergrund stand.

5. Spiritismus, Esoterik und New Age

Es ist nicht zu leugnen; daß sich der Glaube an die Wiedergeburt der Toten in vielen Kulturen der Weltgeschichte findet. Die Totenkulte des alten Ägypten basierten darauf ebenso wie archaische Religionen in Australien, Afrika und den vorinkaischen und inkaischen Kulturen Südamerikas. Die Eskimos in Alaska kennen ihn, und die Eingeborenen Malaysias.

Wenn wir hinüberwechseln zu den großen indischen Religionen, zu Hinduismus und Buddhismus, dann finden wir die gleiche Überzeugung; in der Religion des Zarathustra im alten Persien des 6. Jh. v Chr. kommt sie vor; der im 3. Jh. v. Chr. in Mesopotamien entstandene Manichäismus kennt sie, und genauso die griechische Kultur.

Im religiös-kulturellen Kontext des Hellenismus wurde der Glaube an eine in einem neuen Körper erfolgende Wiedergeburt der Seele bereits in den Mysterienreligionen von Eleusios und in den orphischen Kulturen des 7. Jh . v. Chr. in Thrakien formuliert.

Die vorsokratische Schule des Pythagoras übernimmt den gleichen Gedanken, und in der Philosophie Platons im 4. Jh. v. Chr. wird sie mit philosophischen Argumenten abgestützt. Auf diesem Weg schließlich gelangt die Wiedergeburts-Lehre durch die religiösen Philosophien des Neoplatonismus und der Gnosis auch ins Christentum des 2. und 3. Jh. n. Chr. Aber sie findet sich auch im religiös-philosophischen System der englischen Druiden und selbst in gewissen kleinen jüdischen Sekten.

Es erstaunt nicht, daß eine so weitverbreitete Überzeugung auch in die Überlegungen christlicher Denker Einzug hielt. Wir finden Spuren davon bei den Kirchenvätern der ersten Jahrhunderte, und über Origenes und den Humanismus des 15. Jh. schließlich bis ins 20. Jh. Seit 1865 drang sie auf dem Weg über den Spiritismus von Allan Kardec in das religiöse Gesichtsfeld des brasilianischen Katholizismus ein, und die Art dieses Kontaktes erweist sich als eines der typischsten

Beispiele für eine Durchdringungs-Geschichte, deren Spuren wir in allen Epochen wiederfinden, bis hin zur zeitgenössischen Neo-Gnosis und dem New Age.

Oft wird das weltweite und durch alle Zeiten gehende Vorkommen der Wiedergeburts-Lehre als Argument benutzt, um daraus einen Schluß auf die Richtigkeit der Doktrin abzuleiten. Dies etwa gemäß dem Prinzip: Was derart verbreitet ist, muß doch wohl auch wahr sein! Aber mit dem gleichen Argument müßte sich dann auch die Wahrheit der jüdisch-christlichen Botschaft von der Auferstehung der Toten begründen lassen, denn sie findet sich ja auch in verschiedensten Zeitepochen und den unterschiedlichsten Kulturen.

Eine solche Argumentation wäre auf jeden Fall falsch. Sie diente weder der Auferstehungs-Lehre noch ihrem Gegenüber, der Doktrin von der Wiedergeburt. Die Wahrheit einer Überzeugung beweist sich nicht durch die Zahl ihrer Anhänger. Alle derartigen Versuche sind bekannt unter dem Namen „Soziologismus“. Sie werden durch die Gesellschaftswissenschaften grundsätzlich als falsch abgelehnt. Alle jene aber, die andere Menschen zu manipulieren trachten, die lieben sie sehr.

Genau dies aber wollen wir nicht. Unser Ziel ist nicht Manipulation, sondern das Anregen zum Denken. Wer aber denken soll, sind Sie!

> Die weite Verbreitung irgendeiner Doktrin oder eines Glaubens kann nie als Beweis für die Wahrheit dieses Glaubens oder dieser Doktrin benutzt werden.

Niemand kann leugnen, daß die Wiedergeburts- und Karma-Lehre für das Christentum in der Tat eine immer neue Herausforderung bedeutete und bedeutet. Diese Tatsache nicht sehen zu wollen, wäre falsch, und weit falscher wäre es noch, nicht wahrhaben zu wollen, daß die Annahme einer Reinkarnation sehr viele der großen Fragen um die Nachtod-Existenz des Menschen zu erklären vermag. Das Problem liegt nicht in der Tatsache, daß sich hier eine Erklärungsmöglichkeit eröffnet. Die große Frage, die sich stellt, ist die, ob jene Erklärungsmöglichkeit auch richtig sei; und ob sie die einzig Mögliche sei.

Hier liegt das Problem. Ohne die Verdienste des Erklärungsversuchs auf dem Weg des Karma- und Wiedergeburts-Denkens vermindern zu wollen, müssen wir doch fragen, ob es nicht noch andere und vielleicht bessere Antworten auf die zu lösenden Probleme gibt. Antworten, die mehr überzeugen.

Ausgehend von dieser Fragestellung, will das vorliegende Buch seine Überlegungen vorstellen. Nicht nach Art einer Polemik, sondern im Sinne einer Einladung zum Denken. Nach der Lektüre der hier vorgebrachten Argumente soll der Leser als reife, freie und unterscheidungsfähige Person für sich selbst die Entscheidung fällen. Einen *Glaubensentscheid*, wie gesagt, daran ändern alle noch so ausgeklügelten Argumente nichts.

6. Gründe, die viele Christen zur Annahme der Wiedergeburts-Lehre führen

A. Psychologische Gründe

6.1 Viele Menschen konnten sich in ihrem Leben niemals richtig verwirklichen

Wir werden heute wie nie zuvor durch ein spezifisches Zeitproblem herausgefordert, das sich auf zwei klar unterschiedenen Ebenen manifestiert. Einerseits leben in den industriellen und nachindustriellen Gesellschaften Millionen von Menschen, deren Lebenssituation geprägt wird durch eine grundlegende und ständig sich verstärkende existentielle Frustration. Diese Menschen stehen unter dem Druck einer ständig zunehmenden beruflichen Forderung nach mehr Effizienz. Der Wettlauf um Sozialprestige und Konsum schafft ein vielschichtiges Netz von Zwängen, denen sie sich unterwerfen müssen, ohne reklamieren zu dürfen. Streß am Arbeitsplatz verdrängt für viele die Befriedigung. Sie stehen eingezwängt zwischen den Konsolen von Computern oder hochtechnisierten Maschinen, die ihnen ihren Arbeitsrhythmus aufzwingen. Eine hierarchisch gegliederte Befehlsstruktur macht sie zu effizienten Befehlsempfängern, und ein ausgeklügeltes psychologisches Bewertungssystem läßt sie zwischen Karriereversprechen und der Angst vor dem Verlust des Arbeitsplatzes hin und her pendeln. Opposition könnte sich im nächsten Bewertungsgespräch negativ auswirken, und darum wird sie unterlassen. Die Existenz vieler Menschen des nachindustriellen Zeitalters gleicht in der Tat in vielem der frustrierten Existenz einstiger Lohnsklaven, auch wenn alle äußeren Anzeichen dagegen sprechen. Im vernetzten System heutiger Produktionsabläufe kann der Mensch sehr oft nicht mehr er selbst sein. Genau dies aber ist der große und legitime Wunsch eines jeden:

Er selbst sein. So sein dürfen, wie man ist. Sich als Persönlichkeit nach eigenen Kriterien entwickeln dürfen.

Die Wiedergeburts-Lehre geht in gewissem Sinne genau auf diesen archaischen Wunsch eines jeden Menschen ein. Sie verspricht einem jeden die Möglichkeit seiner ganz persönlichen Vollendung. Wer sich bemüht, wer will, der wird unweigerlich an sein letztes Ziel gelangen. Für jeden öffnet sich ein Weg. Niemand wird letztlich als eine in Fragmente zerbrochene, unvollendete und frustrierte Existenz verbleiben. Jeder, der will, wird seine Vollendung schaffen: Das ist die große und für viele beglückende Hoffnungsbotschaft der Lehre von der Wiedergeburt.

Es scheint, daß diese Botschaft auch für viele Christen anziehender wirkt als die Hoffnungsperspektive ihrer Kirchen. Der Grund dafür dürfte nicht zuletzt in der bereits formulierten Tatsache liegen, daß die christliche Botschaft für eine große Zahl dieser Christen weit mehr eine Bedrohung zu formulieren schien als eine Hoffnung. Bedrohung aber bewirkt Angst, und davor fliehen sie, ohne es zu bemerken.

Die Lehre von der Wiedergeburt antwortet für viele Christen befriedigender auf ihren Wunsch nach einer vollendeten und erfüllten Existenz.

6.2 Die Lehre von der Wiedergeburt scheint das Schicksal des Menschen nach dem Tod auf klare und einsichtige Weise zu erklären

Jeder Mensch hat den natürlichen Wunsch zu wissen, was mit ihm nach dem Tod geschieht. Für einen großen Teil der heutigen Zeitgenossen aber enthalten die christlichen Antworten zu diesem Thema zu viele mythische Elemente. Die mittelalterlichen Bilder, mit denen bis heute die christliche Botschaft über das Leben nach dem Tod vermittelt wird, sind voller Symbole. Diese Symbole aber werden heute nicht mehr verstanden und deshalb sehr oft abgelehnt. Ihre Ablehnung geschieht zum Teil bewußt, zu einem größeren Teil aber unbewußt.

Ein großer Teil der heutigen Christen lehnt die traditionellen Bilder über das letzte Schicksal des Menschen ab, ohne sich dessen klar bewußt zu werden.

Wir stellen eine immer ausgeprägtere sogenannte „innere Emigration“ fest, ein schweigendes Abrücken vieler Christen von ihren traditionellen Glaubensinhalten. Das wahre Maß dieser Abwanderung wurde wiederum sichtbar in der bereits genannten Untersuchung des Autors, in deren Verlauf 823 Personen zu ihrer Haltung gegenüber der christlichen Lehre vom Tod befragt wurden. Die Resultate sprechen eine klare Sprache, wobei nicht zu vergessen ist, daß die Umfrage in Brasilien durchgeführt wurde, dem sogenannten katholischsten Land der Welt. Im folgenden einige Resultate:

- In den Kreisen der soziale Oberschicht stimmen 87% nicht mit der von der Kirche vertretenen Konzeption einer ewigen Hölle überein.
- In der Gruppe jener, die Gymnasial- oder Universitätsbildung aufweisen, beträgt der durchschnittliche Grad der Nicht-Übereinstimmung mit den über Gericht, Fegfeuer und Hölle gelehrten Wahrheiten 53,3%.
- Von den sogenannten Reichen mit einem monatlichen Einkommen von über 16 Mindestlöhnen sind es 70,5 %, welche mit der kirchlichen Lehre über die oben genannten Wahrheiten nicht übereinstimmen.
- Die gleiche Tendenz der Nicht-Übereinstimmung zeigt sich auch bei den Armen. Bei jenen, die bis maximal einen Mindestlohn verdienen, sind es 59%, die mit der kirchlichen Lehre über die Hölle nicht übereinstimmen.
- Und schließlich findet sich die gleiche Situation auch in den Reihen jener, die klar erklären, daß sie ihre Religion intensiv praktizieren. In dieser Gruppe von Katholiken erreicht das Niveau der Nicht-Übereinstimmung die folgenden Werte:
  - Gericht nach dem Tod 24%

- Fegfeuer........................ 43,5%
- Hölle.......................... 56%
- Jüngstes Gericht .... 22%[4]

Es scheint in der Tat so zu sein, daß eine große Zahl der Christen sich nicht mehr mit den traditionellen Antworten zum Thema zufrieden gibt. Ihr Wunsch aber nach Informationen darüber, was mit dem Menschen nach dem Tode geschehe, bleibt bestehen. Die Menschen suchen nach Antworten, und wenn die Lehren der christlichen Kirche nicht mehr befriedigen, dann suchen sie anderswo. Zum Beispiel bei jenen Gruppen oder Religionsgemeinschaften, welche mit logischen und oft rational einsichtigen Argumenten die Lehre von Karma und Wiedergeburt vertreten.

Viele Christen sind nicht mehr befriedigt durch die traditionellen kirchlichen Antworten. Sie nehmen die Lehre von der Reinkarnation an, weil diese logisch und rational einsichtig die Frage um das Weiterleben des Menschen nach dem Tod zu erklären scheint.

6.3 Die Lehre von der Wiedergeburt vermindert die Angst vor dem Unbekannten

Vor Ereignissen, die der Mensch nicht kennt, hat er Angst. Was mit ihm nach dem Tod geschieht, gehört aber bis heute zu den großen Geheimnissen unserer Existenz, ungeachtet aller wissenschaftlichen Versuche, dieses Geheimnis zu entschleiern. Die Antwort der christlichen Religion betont ebenfalls das Unbekannte, das nicht zu lösende Rätsel:

„Kein Auge hat es gesehen, kein Ohr hat es gehört, und in keines Menschen Herz ist es gedrungen, was Gott jenen bereitet hat, die ihn lieben." (1 Kor 2,9)

[4] Vgl.: Renold J. Blank, Não tenham medo, nós vamos ressuscitar, in: Revista de Cultura teológica No. 3, São Paulo, April–Juni 1993, S.66–67; ebenso: Renold J. Blank, Programados para temer, São Paulo, ed. Paulinas, 1995.

Wo soll der Mensch nun Sicherheit finden?

Die enthusiastische Hymne des Paulus betont auch nur, daß man nichts weiß. Und jene, die vorgaben zu wissen, haben im Verlauf der Jahrhunderte ein ungeheures Angstpotential aufgebaut. In ihrem pädagogischen Eifer betonten sie die furchtbaren Möglichkeiten eines ewigen Verderbens oft viel stärker als die beglückende Botschaft von einem liebenden Gott, der den Menschen am Ende seines Lebens erwartet. Die Folge solch gutgemeinter Drohung ist die Tatsache, daß die Jenseitserwartung vieler Menschen heute weit mehr durch die Angst vor Verdammung geprägt ist als durch ein beglückendes Vertrauen in einen guten Gott. Als Beispiel sei wiederum eine Zahl aus unserer Untersuchung genannt: Eines ihrer vielen Resultate weist auf, daß unter der armen Bevölkerung mit geringer Schulbildung 45% von der Angst belastet werden, daß Gott sie am Ende ihres Lebens in die Hölle verdamme.[5]

Angesichts einer solchen Zukunftsperspektive erweist sich die Möglichkeit einer Wiedergeburt in der Tat als tröstlicher Ausweg. Nach dem Tod werde dann nämlich keineswegs etwas Unbekanntes und vielleicht Erschreckendes folgen, sondern wiederum etwas, was ich schon kenne. Was ich jedoch mindestens in seinen Strukturen bereits kenne, das bereitet mir wenig oder keine Furcht.

Eine solche, mehr oder weniger bewußte, Motivation dürfte einer der Gründe sein, weshalb Menschen sich für die Wiedergeburts-Lehre entscheiden, statt bei der christlichen Botschaft von der Auferweckung der Toten zu verbleiben.

Die Lehre von der Wiedergeburt fordert vom Menschen nicht die Annahme, nach dem Tode begegne ihm etwas völlig Neues und absolut Unbekanntes.
Sie lehrt statt dessen, daß sich nach dem Tode das wiederhole, was wir schon kennen: ein menschliches Leben.

5 Renold J. Blank, Não tenham medo, nos vamos ressuscitar, in: Revista de Cultura Teológica No. 3, São Paulo 1993, S. 66.

6.4 Die Annahme einer Wiedergeburt ermöglicht den Glauben an ein Leben nach dem Tod, ohne die unbedingte Notwendigkeit, einen Gott zu akzeptieren

In den nachindustriellen Gesellschaften leben Millionen von Menschen, die durch den Materialismus dieser Gesellschaften nicht befriedigt werden. Sie fühlen, daß der Mensch mehr ist als ein bloßer Produktionsfaktor. Sie widersetzen sich intuitiv einer Ideologie, die das Individuum auf das Niveau eines Konsumenten industrieller Produkte reduzieren will. Diese Menschen halten auch an der Hoffnung an ihr zukünftiges Weiterleben fest; sie glauben an ein Leben jenseits der Zwänge einer auf materiellen Gewinn ausgerichteten Leistungsgesellschaft; sie glauben an ein ewiges Leben, an eine letzte und endgültige Vollendung jenseits aller Propagandaslogans der Werbeindustrie.

Dieselben Menschen aber, die voller Sehnsucht nach einer ewigen Vollendung ihrer fragmentarischen Existenzen Ausschau halten, sind zutiefst enttäuscht durch die Antworten, welche ihnen die traditionellen Kirchen auf ihre Fragen geben. Ja, sie sind oft nicht einmal mehr fähig, jene Grundvoraussetzung der christlichen Religion zu akzeptieren, daß nämlich hinter dem ganzen geschichtlichen Prozeß des Lebens sich ein Gott verberge, ein Gott, der das letzte Ziel und die letzte Sinngebung all dieses Lebens sei.

Eine solche Botschaft der Hoffnung anzunehmen, sind sie nicht mehr fähig, und dies nicht zuletzt darum, weil dieser Gott ihnen auf derartige Weise vorgestellt wurde, daß sie vor ihm flohen. Sie flohen vor ihm und verwarfen ihn, und ihr Haß ist nichts weiteres als die Verzweiflung des zutiefst Enttäuschten.

Unzählige Menschen wollen oder können sich nicht mehr auf einen Gott berufen, der die letzte und sinngebende Instanz ihres Lebens sei.
Dessen ungeachtet aber wollen auch sie die Hoffnung auf ein letztes und sinnerfülltes Ziel ihres Lebens bewahren. Sie sind

davon überzeugt, daß dieses Ziel die Dimensionen eines rein materialistischen Denkens übersteigt.

Ihnen allen, die sich enttäuscht und frustriert von der Botschaft eines persönlichen Gottes abwandten, bietet die Lehre von der Wiedergeburt eine Antwort und einen Ausweg, sie enthält die Hoffnung, daß das menschliche Leben nicht unwiderruflich mit dem Tode zu Ende sei. Daß die eigene Existenz nicht in Nichts zerrinne, sondern daß sie fortbestehe über den Tod hinaus. Die Basis solcher Hoffnung aber muß nicht notwendigerweise begründet sein in einem persönlichen Gott, der das Leben gibt und erhält.

Die Grundlage der Hoffnung ist vielmehr ein a-personales Gesetz, ein kosmisches Prinzip, das sogenannte Karma. Und im Rahmen dieses karmischen Gesetzes wird die Überzeugung formuliert, daß es dem Menschen durch eigene Anstrengung möglich sei, dieses sein persönliches Karma zu verändern oder besser: zu reinigen.

Falls das karmische Prinzip wirklich so funktioniert, wie seine Vertreter behaupten, dann kann der Mensch auf sich selbst bauen, dann darf er auf seine eigenen Fähigkeiten vertrauen, und zwar über den Tod hinaus. Denn sein persönliches Schicksal nach dem Tod liegt völlig und ganz in seinen eigenen Händen. Es hängt ab von seinen Möglichkeiten und seinen Anstrengungen.

Ein solcher Glaube an ein Weiterleben nach dem Tod erscheint vielen eine sicherere Basis zu sein als ein Gott, dem sie im Grunde ihres Herzens mißtrauen, vor dem sie sich fürchten.

Statt auf einen Gott vertrauen zu müssen, den sie ablehnen oder dem sie im Grunde mißtrauen, ziehen es viele Menschen vor, auf sich selbst und auf ihre Fähigkeiten zur Selbsterlösung zu bauen. Die Lehre von der Wiedergeburt ermöglicht ihnen eine solche Haltung.

Wir treffen auch hier erneut wieder auf die beunruhigende

Problematik einer Katechese, die über Jahrhunderte hinweg weit mehr den strafenden Gott verkündete. Jenen Gott, der verwirft und verdammt, wenn der Mensch nicht gehorcht.

Das Ergebnis solcher Verkündigung finden wir heute in allen Schichten der Bevölkerung vor, sei es als unbewußte und verdrängte religiöse Angst, sei es als oft irrationale Ablehnung entweder nur der religiösen Institution oder der durch diese Institution vertretenen Religion. Im Gefolge einer solchen Situation kommt auch die Option zu Gunsten der Wiedergeburts-Lehre weit mehr durch emotionale Beweggründe zustande denn als Folge rationaler Argumente. Diese Tatsache muß in der Diskussion mit Vertretern von New Age, Spiritismus und anderen reinkarnistischen Bewegungen weit mehr als bisher berücksichtigt werden.

B. Religiöse Gründe

6.5 Die Wiedergeburts-Lehre scheint auf einfache und logische Weise das oft rätselhafte Geschick vieler Menschen zu erklären

6.5.1 Die Wechselbeziehung zwischen Karma und Wiedergeburt

Die Lehre von der Wiedergeburt hat ihren Ursprung in Indien. Dort wurde sie erstmals um das 8. Jahrhundert vor Christus in den sogenannten „Upanischaden" formuliert. In ihnen wird versucht, die menschliche Existenz zu verstehen als eingebettet in die Gesamtheit des Kosmos. Der Glaube an einen persönlichen Gott wird ersetzt durch die Annahme einer unpersönlichen Vitalenergie, die im gesamten Kosmos wirkt. Der Kosmos seinerseits entwickelt sich auch auf dem Weg über das menschliche Handeln. Durch eine solche Verbindung zwischen Kosmos und dem ethischen Tun des Menschen aber stellt sich sofort die Frage nach den Ursachen des Übels und des Leids.

Die Verflechtung von kosmischer Geschichte und menschlichem Handeln provoziert die Frage nach den Ursachen des Leids.
Warum muß der Mensch leiden?
Wo liegt der Sinn seines Leidens?
Wann hört das Leid in der Geschichte der Menschen endlich auf?

Jedes Leiden und jedes Übel müssen eine Ursache haben. Wenn aber davon ausgegangen wird, daß menschliches Handeln und kosmische Geschichte miteinander verknüpft sind, dann muß die Ursache für das Übel in der Welt doch wohl in einem schuldhaften, schlechten Handeln der Menschen zu suchen sein. Und falls wir irgendwo auf Leiden und Schmerzen treffen, dann liegt die Ursache dieses Leidens wiederum in irgendeinem schuldhaften menschlichen Verhalten. Falls sich solches Verhalten als Ursache des Leids nicht im gegenwärtigen Leben finden läßt, dann muß es konsequenterweise in einem früheren Leben liegen. Dies vor allem darum, weil die menschliche Existenz nicht isoliert betrachtet werden kann. Sie muß vielmehr gesehen werden im umfassenden Kontext einer kosmischen Evolution. Im Rahmen dieser Evolution ist auch das einzelne menschliche Leben kein isoliertes Geschehen. Es ist vielmehr eingebunden in einen weltumfassenden Prozeß, der Vergangenheit und Zukunft ebenso umfaßt wie die aktuelle Gegenwart.

In dieser Perspektive läßt sich die Problematik des Leids relativ einfach erklären und lösen. Der Mensch erfährt in diesem Leben Leid und Übel, weil er in einem vorangehenden Leben gewisse negative Akte setzte, die ihn schuldig werden ließen. Das Leiden im aktuellen, gegenwärtigen Leben ist die Konsequenz von schuldhaftem Versagen, was in einem früheren Leben geschah.

Leid und Übel in diesem Leben sind die Folge negativer Akte oder des Fehlens positiver Akte aus einem früheren Leben.

Im gegenwärtigen Leben bezahlt der Mensch gewissermaßen die Schuld, die er in einem früheren Leben auf sich lud.

Die Verknüpfung zwischen Schuld und Bezahlen dieser Schuld in einem späteren Leben geschieht automatisch. Sie ist *ein kosmisches Gesetz*, und diesem Gesetz ist der Mensch als Teil des Kosmos gezwungenermaßen unterworfen. Nichts kann dieses Gesetz ändern, nichts kann es aufheben, niemand und nichts können den determinierten Ablauf der Vergeltung bremsen oder außer Kraft setzen. Jeder Mensch ist seiner Gesetzmäßigkeit unabänderlich unterworfen. Niemand kann ihr entfliehen. Eine kosmische Determination. *Das Gesetz des Karma.*

Jeder Mensch, ohne Ausnahme, unterliegt dem Gesetz des Karma.

Es wirkt automatisch als kosmisches Gesetz.

Gemäß den Determinismen dieses Gesetzes gewinnt der Mensch in seinem gegenwärtigen Leben genau jenen Lohn oder jene Strafe, die er sich in einem vorangehenden Leben selbst programmierte.

Mit dieser Konzeption ergibt sich beinahe automatisch eine wesensmäßige Verbindung zwischen Karmischem Gesetz und der Lehre von der notwendigen Wiedergeburt des Menschen; sie findet sich denn auch in verschiedensten Schattierungen bei beinahe allen Doktrinen, die eine solche Wiedergeburt vertreten.

6.5.2 Sein persönliches Karma reinigen: eine Grundforderung des zeitgenössischen Spiritismus

Wer an Wiedergeburt glaubt, der akzeptiert auf die eine oder andere Art auch das karmische Gesetz. „Sein Karma reinigen" ist daher ein Schlüsselbegriff für praktisch alle Anhänger der Reinkarnationslehre. Er findet sich am ausgeprägtesten in den Reihen des heutigen Spiritismus. Im Gegensatz jedoch zum ursprünglichen Verständnis der Upanischaden wird das Gesetz des Karma durch die Vertreter der spiritistischen Richtungen auf eine positivere Weise interpretiert. Nach ihrer Auffassung ist der Mensch nicht unabänderlich gefangen im kosmischen Räderwerk eines Vergeltungsmechanismus, der auch die Möglichkeit ausgeprägter Rückentwicklungen beinhaltet. Die in den Upanischaden formulierte Konzeption des Karma sieht solche strafenden Rückschritte vor. Ihnen gemäß kann ein Mensch auch als Tier wiedergeboren werden.

Solches ist im zeitgenössischen Spiritismus nicht denkbar. Bereits Allan Kardec formuliert sehr klar die Auffassung, daß die durch das karmische Gesetz bedingten Wiedergeburten eine steigende Evolution bedeuten. Von e inem Leben zum anderen fortschreitend, entwickelt der Mensch die guten Inhalte seiner Persönlichkeit und eliminiert die schlechten. Diese progressive Evolution ist gemeint, wenn die Spiritisten davon sprechen, daß der Mensch „sein Karma reinigen" müsse.

Sein Karma reinigen bedeutet für den zeitgenössischen Spiritismus das folgende: Der Mensch soll von Leben zu Leben in einer progressiven Evolution die schlechten Inhalte seines Unbewußten durch gute Inhalte ersetzen.

In dieser modernen Konzeption des Karma wurde jenes Element zweitrangig, das ursprünglich eines der wesentlichen Motive für die Formulierung karmischer Gesetzmäßigkeit war: der Versuch, das so oft unverständliche Schicksal der Menschen logisch zu begreifen. Der Schwerpunkt der Argumentation liegt heute weit mehr auf der Betonung einer dynamischen und evolutiven Sicht, ohne daß deshalb jedoch das ursprüngliche Motiv vergessen wurde: die Erklärung des Übels in der Welt. Das Gesetz des Karma scheint dazu in der Tat eine einsichtige und logische Deutung zu bieten. *Der Mensch selbst bewirkt sein gegenwärtiges Schicksal in einem hypothetischen früheren Leben.*

Diese Erklärung befriedigt bis heute eine Vielzahl von Personen derart, daß sie eines der großen Motive wurde, derentwegen Menschen sich zur Wiedergeburts-Lehre bekennen.

Zu ihm gesellt sich ein zweites, das vor allem in Kreisen religiöser Menschen eine starke Bedeutung gewinnen kann. Es ist die Behauptung der reinkarnationistischen Doktrin, auch jene Frage klären zu können, die seit jeher zu den polemischsten Problemen der Theologie gehört. Sie wurde formuliert durch alle Zeiten der Geschichte und ist im Grunde bis heute nicht zufriedenstellend beantwortet. Ihre klassische Formulierung lautet so:

„Warum gibt es das Böse, wenn Gott gut ist?“

Die Wiedergeburts-Lehre in ihrer Verbindung mit dem Gesetz des Karma scheint auf dieses Grundproblem eine Antwort zu bieten. Sie entlastet nämlich Gott von seiner Verantwortung und belastet statt dessen den Menschen. Auf die Problematik solcher Übertragung werden wir im Kapitel 6.11 näher eingehen. Sie sei vorerst einfach als eines der Motive genannt, die auch religiös-kirchlich ausgerichtete Menschen dazu bringen können, sich für den Glauben an Wiedergeburten zu entscheiden.

6.6 Viele Menschen sind enttäuscht von einer christlichen Botschaft, die noch immer nur die spirituelle Seite des Lebens betont

Noch heute beziehen sich die Aussagen der christlichen Hoffnungsbotschaft für viele Christen allein auf das sogenannte „Jenseits“. Trotz aller Bemühungen einer nachkonziliären Theologie bleiben für diese Christen die religiösen Aussagen letztlich auf das bezogen, was „nach dem Tode“ kommt, auf den Himmel oder ein sogenanntes Reich Gottes. Dieses Reich aber wird völlig identifiziert mit einem Reich jenseits dieses Lebens. Mit einem rein geistigen Reich, das nichts zu tun hat mit dieser Welt und noch viel weniger mit der konkreten Geschichte und ihren politischen oder wirtschaftlichen Gegebenheiten. So versteht eine Vielzahl von Christen auch noch heute ihren Glauben.

Andererseits aber entstand in den letzten Jahrzehnten ein neues soziales Bewußtsein dafür, daß diese konkrete Welt, in der wir leben, der Wirkungsort der menschlichen Tätigkeit sein muß. Ein Ort, an dem der Mensch durch sein Handeln die Geschichte formt. Ein Ort, und der einzige Ort, um hier und jetzt damit zu beginnen, eine bessere Welt zu gestalten.

Was aber kann eine Religion zur Gestaltung der konkreten Welt beitragen, wenn sich ihre Botschaft ausschließlich auf Dimensionen außerhalb dieser Welt bezieht?

Welchen Beitrag zur Lösung menschlicher und geschichtlicher Probleme vermag eine Religion zu leisten, deren Hoffnungsbotschaft allein eine Hoffnung für die bereits Toten beinhaltet? Was sollen die Lebenden von einer Botschaft halten, die im Grunde nichts beizutragen hat zur Umgestaltung unserer Gesellschaft als den lapidaren Satz, daß der Mensch sich fernhalten soll von den Dingen dieser Welt, um sein Augenmerk auf die kommenden, jenseitigen Dinge zu richten?

Eine Hoffnungsbotschaft, die sich nur an die Toten richtet, verliert ihre Überzeugungskraft und wirkt als Entfremdung. Gegenüber solchen Entfremdungsmechanismen aber reagiert vor allem die junge Generation zu Recht allergisch.

In ihrem Interesse für die diesseitige Welt, in ihrem Engagement für die Verbesserung der konkreten geschichtlichen Strukturen sucht sie eine Religion, die ihr Antworten und Parameter liefern kann. Die Suche nach solchen Parametern erweist sich als um so dringender in einer geschichtlichen Konstellation wie der unsrigen, in der alle großen sozialen Utopien zusammenbrachen: Der „realexistierende Sozialismus“ scheiterte. Der Kommunismus erwies sich als nicht durchführbar. Der Neoliberalismus zeigt sich als unmenschlich und elitär. Die christliche Religion aber bleibt im Selbstverständnis vieler Christen eine Religion außerhalb des konkreten Lebens. Die katholische Kirche hat in weiten Kreisen ihre Glaubwürdigkeit verloren.

In einer solchen Konstellation bietet sich die Option für eine Lehre von Wiedergeburt und Karma geradezu als Alternative an. Wenn sie zudem noch archaische Hoffnungen nach einem neuen Zeitalter oder die Sehnsüchte der Menschen nach Ganzheit mit Argumenten der modernen Naturwissenschaft verbindet, dann ist ihr Erfolg programmiert. Die Zunahme der Anhänger von New Age, Spiritismus und esoterischen Gruppen belegt diese Tatsache mit eindrücklichen Zahlen.

Zwar bietet auch die Wiedergeburts-Lehre nur wenige Parameter für die Veränderung der konkreten Wirklichkeit. Aber sie formuliert wenigstens in klaren und logisch erscheinenden Argumenten eine konkrete Hoffnung. Diese Hoffnung verweist primär nicht auf ein fernes Jenseits, nein, sie läßt sich im Diesseits realisieren, in der realen Welt und ihrer konkreten Geschichte. Und was in diesem Leben nicht zu realisieren möglich war, das wird in einem kommenden Leben möglich werden. Die Hoffnung, es zu realisieren, bleibt auch angesichts des Sterbens bestehen, denn nach diesem Sterben tut sich ja eine neue Möglichkeit auf. Eine Möglichkeit, die wiederum hier, in dieser geschichtlichen Wirklichkeit, realisierbar bleibt, in einem neuen Leben innerhalb der Welt und ihrer Geschichte.

Auf diese Weise antwortet die Doktrin von der Wiedergeburt auf die Hoffnungen und Sehnsüchte vieler Menschen, die an der Verbesserung unserer Welt arbeiten möchten. Aufgrund ihrer falschen religiösen Konzeption aber sehen sie in der christlichen Religion nur eine Botschaft für einen jenseitigen Himmel. Sie aber interessiert das Diesseits und seine Gestaltung, und dafür öffnet ihnen die Annahme, nach ihrem Tod erneut wieder in diese diesseitige Welt hineingeboren zu werden, neue und interessante Perspektiven.

Hier stehen die christlichen Kirchen und ihre Anhänger vor einer grundlegenden Herausforderung. Zu lange haben sie jene verlacht und ausgestoßen und unterdrückt, die eine Rückkehr zu den politischen Dimensionen der Botschaft Jesu forderten. Zu lange haben sie ihren Gott zu einem individuellen Heilsgott verniedlicht. Zu lange haben sie die geschichtliche Brisanz der Botschaft Jesu vom Reiche Gottes umgebogen in eine Botschaft vom Himmelreich. Die weltverändernde Botschaft Jesu, daß nämlich das Reich Gottes schon begonnen habe mitten in dieser Welt, diese Forderung haben sie spiritualisiert. Und die revolutionäre Forderung, daß jenes Reich Gottes wachse als geschichtliche Größe dadurch, daß die Christen mit grundlegenden strukturellen Veränderungen dieser Gesellschaft begännen, diesen Anspruch Jesu haben sie verwässert.

Dies aber war die Forderung Jesus: eine neue geschichtliche Wirklichkeit schaffen, in der Gott der Maßstab des menschlichen Handelns sei. Wo solches geschieht, da wird die Grundlage des menschlichen Zusammenlebens Liebe und nicht Egoismus. Wo solches geschieht, da fallen die Strukturen der Macht und die Mechanismen der Ausbeutung des Menschen durch den Menschen. An ihre Stelle tritt Gerechtigkeit. Gerechtigkeit nicht als spirituelles Ideal, sondern als konkret verwirklichte Gesellschaftsordnung.

Das wäre die christliche Botschaft gewesen. Diese Botschaft aber haben sie verfälscht, die Christen selbst und ihre Institutionen haben sie verfälscht, und nun stehen sie erschreckt vor der Tatsache, daß eine junge Generation sich mehr für die Verbesserung der Welt interessiert als für ein jenseitiges Reich. Und sie, die eigentlich den Weg für die Veränderungen weisen könnten, werden nicht mehr gefragt.

Das ist die große Herausforderung. Sie zu bewältigen, ist die Aufgabe der Christen. Damit dies geschehe, müssen sie aber sich selbst zuerst wieder auf die gesellschaftsverändernde Kraft ihrer Botschaft besinnen.

Die Hoffnungsbotschaft von der Auferweckung der Toten muß ihre geschichtliche und soziale, ihre gesellschaftsverändernde Kraft wieder gewinnen. Nur so kann sie wieder auf die Sehnsüchte der vielen enttäuschten Menschen antworten, für welche die christliche Hoffnung zu einer weltfernen und spiritualisierenden Ideologie zur Rettung der eigenen Seele verkam.

6.7 Der christliche „Heilsindividualismus" eröffnet einen leichten Zugang zur individualistisc hen Heilskonzeption der Wiedergeburts-Lehre

Einer der Gründe für die Attraktivität der Wiedergeburts-Lehre, so haben wir festgestellt, liegt in der Enttäuschung angesichts einer spiritualisierten christlichen Hoffnungsbotschaft. Die gleiche Spiritualisierung wiederum eröffnet auch ihren eigenen Vertretern einen besonders leichten Zugang zur Akzeptanz des Wiedergeburts-Gedankens.

Es gibt Millionen von Christen, vor allem in den Ländern der Ersten Welt, die bis heute nicht akzeptieren konnten oder wollten, was sich als klare Evidenz aus den biblischen Texten ergibt: den klaren Grundentscheid Gottes zugunsten all jener, die auf irgendeine Weise an den Rand gedrängt wurden. Und, im Gegensatz dazu, die klare Tatsache, daß Gott sich gegen all jene Strukturen wendet, die solche Marginalisierung bewirken, seien sie sozial, politisch, wirtschaftlich oder auch religiös.

Dieser Grundentscheid Gottes, der sich in der Bibel immer wieder zu erkennen gibt als ein „go'el", als ein Verteidiger jener, die keinen Verteidiger mehr haben, dieser Grundentscheid Gottes enthält von allem Anfang an einen ausgeprägt politischen und sozialen Aspekt.

In- und außerhalb der christlichen Kirchen aber bestehen bis heute gewaltige Interessengruppen, welche genau diesen Aspekt verneinen. Solche Interessen kommen von seiten wirtschaftlicher Machtgruppen, von seiten politischer Machthaber und selbst von religiösen oder kirchlichen Gruppen, die an der Erhaltung ihrer Privilegien und ihrer Macht interessiert sind. Sie alle verkünden immer wieder das gleiche: „Religion ist etwas Privates!“ „Religion ist etwas völlig Individuelles!“ „Religion hat mit persönlicher Heiligung und der Rettung der eigenen Seele zu tun!“ „Religion hat nichts zu schaffen mit Politik, Wirtschaft oder Finanzen!“

So sagen viele, und das Tragische dabei ist nicht so sehr die Tatsache, daß derartige Interessengruppen existieren. Weit tragischer als dies ist die Erfahrung, daß so viele Christen den Gedanken aufnehmen und in gutem Glauben vertreten. So viele Christen, die nicht bemerken, wie sie einer Manipulation zum Opfer fallen. So viele Christen, die nicht bemerken, wie ihnen von jenen Gruppen her mit allen Mitteln der Psychologie und der Propaganda suggeriert wird: „Religion ist private Frömmigkeit!“ So viele Christen wiederholen das gleiche und machen in gutem Glauben aus ihrer Religion eine individualistische Praxis zur Rettung der eigenen Seele. Und sie merken nicht, wie sie sich täuschen. Es wird ihnen nicht bewußt, wie sie sich von ihrer eigentlichen Berufung entfernen. Von jener Berufung, die doch darin bestünde, das zu tun, was ihr Gründer tat. Der aber rief nicht zum Rückzug auf in das eigene Ich, sondern zur Umgestaltung der Welt.

Es gibt viele Christen, die in gutem Glauben eine individualistische Religion außerhalb der Dinge dieser Welt vertreten. Es gibt viele Christen, die nicht erkennen, wie sie so in gutem Glauben die Interessen all jener vertreten, die nicht wollen, daß Religion ihre politischen, wirtschaftlichen oder sozialen Aktivitäten hinterfrage. Es gibt viele Christen, die nicht sehen oder nicht sehen wollen, daß Jesus selbst die sozialen, religiösen und wirtschaftlichen Strukturen seiner Zeit immer dann in Frage stellte, wenn sie den Menschen unterdrückten. Wenn aber Jesus dies tat, und wenn dieser Jesus uns aufforderte: „Komm und folge mir nach!“ dann müssen wir als Christen das gleiche tun, was Jesus tat.

Der herrschende religiöse Individualismus ist für alle jene, die in dieser Welt herrschen wollen, weit bequemer als die Botschaft Jesu. Seine Botschaft aber bestand darin, uns aufzufordern, mit dem Aufbau des Reiches Gottes zu beginnen. Reich Gottes aber bedeutet eine Welt, in der Gott herrscht, und nicht wirtschaftliche Interessen. Reich Gottes bedeutet eine Welt, in der Gott herrscht, und nicht politische Machtansprüche. Reich Gottes bedeutet eine Welt, in der Gott herrscht, und nicht die ungehemmte Jagd nach Gewinn um jeden Preis.

Damit Gott in dieser Welt herrsche, müssen wir diese Welt verändern. Wir müssen ungerechte Strukturen in gerechte verwandeln. Wir müssen lügenhafte Strukturen in Wahrheit verwandeln. Wir müssen Krieg durch Frieden ersetzen. Wir müssen Strukturen der Ausbeutung in Strukturen der Geschwisterlichkeit verwandeln. Wir müssen Strukturen des Egoismus zu Strukturen der Solidarität verändern.

Je mehr die theologische Verkündigung die individualistische Dimension des Glaubens betont, um so mehr wird dieser Glaube zu einer reinen Angelegenheit des eigenen Ich und seiner Heiligung. Damit aber wird auch der Schritt von einer derart ich-bezogenen christlichen Religion hinüber zur Annahme der Doktrin der Wiedergeburt immer leichter. Denn auch die Wiedergeburts-Lehre vertritt ja eine letztlich völl ig auf das Individuum und seine Entwicklung hin konzipierte Religiosität.

6.8 Die Erwartung einer Wiedergeburt eröffnet die Möglichkeit der Flucht vor einem strafenden Gott

Je mehr die Religion sich zu einer rein individualistischen Konzeption entwickelt, um so mehr Raum nimmt in ihr die Sorge um die individuelle Einhaltung der zum Heil notwendigen Vorschriften und Gebote ein. Eine solche Haltung aber kommt immer mehr in die Gefahr, die mögliche Übertretung jener Gebote auch durch entsprechende Sanktionen und Strafandrohungen zu verhindern. Dazu dient nicht zuletzt auch die Betonung göttlicher Strafen, göttlicher Verurteilungen. Um ihrer Drohung zu entgehen, muß der Mensch sich anstrengen, und da es ihm trotz aller Anstrengung oft nicht gelingt, die Forderungen jenes Gottes zu erfüllen, wird die angedrohte göttliche Strafe zu einer realen Möglichkeit, die den Sünder notwendigerweise mit Angst erfüllen muß. Angst wegen seiner Sünden und Angst der erschreckenden Konsequenzen wegen, die diese Sünden mit sich bringen könnten: eine göttliche Strafe, eine göttliche Verdammung, eine ewige Hölle.

Daß solche Ängste bei den Christen und spezifisch in den Herzen vieler Katholiken bestehen, dies ist keine bloße Annahme. In einer Befragung, die von mir in den Jahren 1991–1992 in São Paulo mit 823 Personen nach allen Regeln der Statistik durchgeführt wurde, ergaben sich die folgenden Daten zum Thema Angst:[6]

- Angst, auf ewig verdammt zu werden:
  bei 40% der Bevölkerung aus den niederen Einkommensklassen.
- Meinung, daß alle oder praktisch alle Menschen in die Hölle verdammt würden:
  bei 5,24% jener (im allg. katholischen) Christen, die ihre Religion intensiv praktizieren
- Meinung, Gott verdamme viele, und nur in der besten aller Hypothesen wenige in die Hölle:
  bei 26% jener (im allg. katholischen) Christen, die ihre Religion intensiv praktizieren.

Wenn von der entgegengesetzten Richtung her untersucht wurde, dann ergab sich eine noch erschreckendere Situation. Der Prozentsatz jener Christen, die mit gutem Gewissen bekennen konnten, sie hätten keine Angst vor den in ihrer Religion verkündeten vier Grundsituationen von Gericht, Fegfeuer, Hölle und Jüngstem Gericht, erreichte praktisch nie die Größe von 50%.

Wir erkennen aus diesen Zahlen einen weiteren Grund für

[6] vgl. Anm. 4

die Faszination der Lehre von Karma und Wiedergeburt: *Viele Christen haben Angst, ihre letzte Bestimmung zu verfehlen. Bei der Reinkarnationslehre dagegen scheint das Erreichen dieser Bestimmung garantiert.*

Bei vielen Christen hat in der Tat die Angst das Vertrauen auf Gottes unendliche Barmherzigkeit verdrängt. Statt des Vertrauens fühlen sie sich beim Gedanken an Gott unbehaglich, da er sie an die Möglichkeit ewiger Verdammnis erinnert. Das Ergebnis solcher Haltung ist die schon genannte Reaktion der Flucht. Die Christen fliehen vor einer Botschaft, die sich ihnen als Drohbotschaft präsentiert. Dabei bietet sich der Glaube an eine Wiedergeburt als Mittel an, um den schweren Bedrohungen zu entfliehen, die auf dem Sünder lasten.

Denn statt davon zu sprechen, daß ihn nach dem Tode ein ewiges und endgültiges Gericht erwarte, verspricht er eine zweite Chance, eine zweite Möglichkeit, es erneut zu versuchen. Wer in diesem Leben versagte, kann wieder neu beginnen. Wem es in diesem Leben nicht gelang, dem gelingt es vielleicht im nächsten, und sonst im übernächsten. Irgendwann wird auch er sein Karma gereinigt haben. Nichts ist endgültig entschieden, und ein gescheitertes Leben, eine gescheiterte Ehe, eine gescheiterte Berufslaufbahn – all das kann wiederholt werden, kann neu begonnen werden. Der Mensch steht nicht endgültig und unwiderruflich vor den Trümmern eines verfehlten Lebens; eines Lebens, das vielleicht meilenweit entfernt ist von den Forderungen einer unbeugsamen und individualistischen Moral. Er kann sein Leben ein weiteres Mal versuchen. Wenn es schief ging, ist mit dem Tod nichts verloren.

Das ist die Kernbotschaft von der Wiedergeburt, und für viele Christen ist sie eine „Frohe Botschaft". *Der Glaube an Reinkarnation bietet sich dort als Hoffnungsweg an, wo die christliche Verkündigung zu einer Drohbotschaft wurde.* Zusätzlich zu der durch eine bedrohliche Heilsperspektive verdunkelten Hoffnung enthält die Religiosität vieler Christen noch ein weiteres Element, das den Übertritt zur Wiedergeburts-Lehre begünstigt. Der Gott dieser Christen ist ein Gott der Vergeltung. Er vergilt den Menschen gerecht nach seinen guten oder bösen Taten. Die Gerechtigkeit dieses Gottes aber ist eine kompensatorische Gerechtigkeit. Ihr gemäß erhält der Gute sozusagen automatisch seinen gerechten Lohn, und der Schlechte seine gerechte Strafe. Eine solche Perspektive versteht die Gerechtigkeit Gottes einzig unter dem Aspekt einer retributiven Vergeltung.

Damit aber liegt sie auf der gleichen Ebene wie das in der Wiedergeburts-Lehre vertretene Gesetz des Karma. Auch ihm gemäß erntet der Mensch in seinem jetzigen Leben das Resultat seiner guten oder schlechten Taten, die er in einem vorhergehenden Leben beging. Auf der Basis eines solchen Parallelismus wird der Übertritt von der christlichen Auferstehungslehre zum Glauben an die Wiedergeburt wesentlich erleichtert.

Viele Christen verstehen die Gerechtigkeit Gottes einseitig als eine vergeltende und kompensatorische Gerechtigkeit.
Eine solche Konzeption wird zum Wegbereiter beim Übertritt zur Doktrin von der Wiedergeburt und ihrem karmischen Gesetz.

C. Theologische Gründe

6.9 Viele Menschen fühlen instinktiv, daß die erste Begegnung mit Gott im Tod nicht ein Akt allgemeiner Gleichmacherei sein kann

Die meisten Menschen zeigen angesichts der Fragen um ein Weiterleben des Menschen nach dem Tod einen ausgeprägten Anspruch von Gerechtigkeit. Es sind nicht wenige, die mit vollem Recht den Gedanken ablehnen, daß mit dem Tod automatisch alles ausgeglichen sei, daß alle auf der Erde existierenden Unterschiede kommentarlos eingeebnet würden, da wir vor Gott doch alle gleich seien.

Wenn solches im Tod geschähe, so argumentieren diese Menschen, dann käme dies einer schreienden Ungerechtigkeit gleich. Welchen Grund könnte jemand haben, sich Zeit seines Lebens anzustrengen und ein Leben nach dem Willen Gottes zu führen, wenn er nach dem Tod all jenen gleichgesetzt wird, die in nichts sich bemühten? Unser aller Gefühl von Gerechtigkeit weist einen solchen Gedanken von sich.

So kann es nicht sein. Wenn es schon im Leben oft nicht geschieht, dann muß es doch wenigstens im Tod einen Unterschied geben zwischen all jenen, die sich bemühten, und den vielen anderen, den Gottlosen, den Unterdrückern, den Henkern und Mördern der Geschichte.

Das Christentum antwortete auf diese Fragestellung immer auf zwei Ebenen: Einerseits akzentuierte es die bedrohliche Botschaft eines möglichen ewigen Verderbens, einer Hölle; andererseits verkündete es die Lehre vom sogenannten Fegfeuer, wo die Gestorbenen ihre Sünden abzubüßen hätten, um auf diesem Weg in die Sphäre Gottes Eingang zu finden.

Die wachsende Zahl von Menschen, welche sich dem Gedanken einer nach karmischen Gesetzen zu erfolgenden Wiedergeburt zuwenden, scheint uns sehr deutlich die Tatsache zu bestätigen, daß die Menschen wenigstens nach dem Tod auf eine ausgleichende Gerechtigkeit hoffen. Gleichzeitig aber weist diese Zunahme auch darauf hin, daß immer mehr Menschen die in der christlichen Doktrin vertretene Perspektive der Sühne ablehnen oder nicht mehr verstehen. Sie lehnen mit vollem Recht den Gedanken eines Sühne- oder Bestrafungsortes ab, der ihnen mit Bildern einer kosmischen Folteranstalt vorgestellt wird. Eine solche, aus mittelalterlichen Vorstellungen stammende Konzeption anzunehmen, ist dem Menschen von heute nicht mehr möglich. Er weiß aber gleichzeitig intuitiv um die bleibende Notwendigkeit von Sühne und Reinigung.

Und wiederum bietet sich die Lehre vom Karma und den dadurch notwendigen Wiedergeburten als logische Alternative an. Für viele unserer Zeitgenossen kann eine derartige Konzeption weit einfacher mit den wissenschaftlichen Erkenntnissen der nachindustriellen Epoche in Einklang gebracht werden als das, was die christliche Botschaft von einem Leben nach dem Tode lehrt.

Das Gesetz des Karma bietet sich als rational einsichtige Alternative zu einer als Hölle oder Fegfeuer beschriebenen Möglichkeit der Sühne nach dem Tode an.

6.10 Die Wiedergeburts-Lehre stellt das Eingehen in das ewige Heil dar als dynamischen Prozeß und nicht als einmaliges und definitives Ereignis

Für die Mehrheit der Christen bedeutet „ewiges Heil" oder „aufgenommen werden in den Himmel" einen einmaligen Akt, ein Geschehen, an dem der Mensch mehr oder weniger passiv beteiligt ist. „Gott richtet" oder „Gott rettet" sind Formeln, die wir alle seinerzeit lernten. Im Geiste dessen aber, der solche Begriffe verwendet, entsteht notwendigerweise die Vorstellung, daß es sich bei diesen Geschehnissen um punktuelle, klar definierte und einmalige Ereignisse handle, an deren Ende der Mensch zu seinem letzten Ziel gelange. Eine derart statische Konzeption der „Heilsereignisse" aber widerspricht fundamental den Erfahrungen, die der Mensch im Verlauf seines Lebens macht. Während des ganzen Lebens stellen wir nämlich fest, daß die Veränderungen im allgemeinen nicht völlig unvorbereitet und plötzlich über uns hereinbrechen, als statische und isoliert dastehende Akte. Es ist doch vielmehr so, daß sowohl die großen Veränderungen und Umwälzungen des Lebens als auch der Geschichte sich in der dynamischen Form von Prozessen vollziehen.

Prozesse sind nicht statisch. Prozesse sind nicht punktuelle Geschehen, sondern interaktive und oft dialektische Veränderungsvorgänge. Sie bahnen sich an, entwickeln sich und gelangen an einen Höhepunkt.

Die großen Veränderungen im Leben wie in der Geschichte vollziehen sich in der dynamischen Form von Prozessen.

Diese Gesetzmäßigkeit gilt im Leben des einzelnen Menschen ebenso wie auf geschichtlicher und sozialer Ebene. Und immer mehr entdecken auch die Naturwissenschaften, daß sich die Geschehnisse im Mikro- wie im Makrokosmos ebenfalls in der Form dynamischer Prozesse ereignen und nicht als einmalige Ereignisse. Die Veränderungen in der Welt vollziehen sich in der Tat nicht statisch in der Form von fertig dastehenden Fakten, sondern als langsam sich aufbauende Entwicklungen.

Dennoch aber fahren wir im Rahmen der religiösen Bilderwelt weiterhin fort, die großen Geschehnisse der Heilsgeschichte als einmalig stattfindende punktuelle und in sich abgeschlossene Ereignisse darzustellen. Dies ergibt einen immer größeren Widerspruch zu dem Wissen um den prozeßhaften Charakter der naturwissenschaftlichen und sozialen Abläufe, die das Lebensumfeld des Menschen bilden. Der Ansatz der Wiedergeburts-Lehre dagegen entspricht auf religiöser Ebene den Erfahrungen im sozialen und wissenschaftlichen Bereich. In der Konzeption eines über progressive Wiedergeburten erreichten Heils erkennen die Menschen der nachindustriellen Epoche weit eher die Dynamik ihres eigenen Lebens als in den statisch aufeinanderfolgenden Heilsereignissen der überlieferten traditionellen christlichen Lehre. Ihre in klar gegeneinander abgetrennte Einzelereignisse gegliederte Darstellung des menschlichen Schicksals nach dem Tod wird von vielen als statisch empfunden.

Die christliche Verkündigung steht damit vor der brennenden Notwendigkeit, ihre Sicht der sogenannten „Letzten Dinge" des Menschen neu zu überdenken. Von rein theologischer Warte aus hindert nichts daran, diese „letzten Dinge" unter dem Gesichtspunkt von Prozessen zu begreifen. Im Gegenteil: Erst wenn sie so gesehen werden, entwickeln sie ihr ganzes ungeheures Potential an Dynamik und an Leben.

Dies aber bedeutet, daß wir Abschied nehmen müssen von alten Formeln und von einigen liebgewordenen Vorstellungen. Es bedeutet, den „neuen Wein“ der Offenbarung zu entdecken und den Mut zu haben, ihn auch zu trinken. Wir werden im 3. Teil dieses Buches versuchen, Wege für eine solche Neuentdeckung aufzuzeigen.

6.11 Das karmische Gesetz scheint Gott von seiner Verantwortung gegenüber Übel, Schmerz und Schlechtigkeit zu entlasten

Historisch gesehen, wurde die Lehre von Karma und Wiedergeburt in einer klar definierten theologischen Übergangsphase der indischen Religionen formuliert. Indra, der als Person verehrte Gott der vedischen Religion, wurde in der Theologie der Upanischaden ersetzt durch die Konzeption eines unpersönlichen göttlichen Prinzips. Dieses Prinzip wurde verstanden als kosmische Energie.

Eine unpersönliche kosmische Energie aber kann nicht im ethischen Sinn verantwortlich gemacht werden für das Leid. Eine kosmische Energie wirkt nach Art eines Naturgesetzes, automatisch, unberührt, jenseits von Gut und Böse. Ein kosmisches Gesetz kann weder in Frage gestellt noch für schuldig erklärt werden.

Das karmische Gesetz aber ist ein kosmisches Gesetz; und die Menschen sind ihm in gleicher Weise unterworfen wie zum Beispiel dem Gesetz der Schwerkraft. Für die Theologie der Upanischaden ist es daher absolut sinn los, einen Gott zur Verantwortung ziehen zu wollen, weil er Übel und Schmerz zuläßt. Es gibt keinen persönlichen Gott, der dafür verantwortlich wäre. Es gibt nur das kosmische Gesetz des Karma, und dieses kann man ebensowenig für schuldig oder nichtschuldig erklären wie etwa die Schwerkraft.

Im Gegensatz zu dieser Auffassung verstehen die christlichen Religionen Gott als personales Wesen, aber nicht nur dies. Für sie ist Gott ein Wesen, das liebt, ein Wesen, das sich engagiert, ein guter Gott. Angesichts dieses persönlichen Gottes aber bleibt immer die kritische Frage bestehen, warum er denn das Leid und das Schlechte zulasse, wenn er doch gut ist. Diese Frage wird erst gegenstandslos, wenn für die Problematik des Leidens eine andere Ursache gefunden werden kann. Und genau dies geschieht in der Wiedergeburts-Lehre. Gott ist nicht mehr schuld für das Leid. Gott hat mit dem Übel in der Welt nichts zu tun. Gott bewirkt nicht den Schmerz.

Gott bleibt der gute Gott; der Gott, der liebt; und wenn im Leben eines Menschen Unglück passiert und Leid, dann ist nicht Gott der Schuldige, sondern der Mensch selbst, aufgrund des im Kosmos wirkenden Gesetzes des Karma. Der Mensch selbst bewirkte in einem vorausgehenden Leben das Leid, das ihn in diesem Leben trifft.

Nicht Gott ist die Ursache des Leidens in der Welt, sondern der unter dem Gesetz des Karma stehende Mensch.

Auf diesem Wege, so scheint es, läßt sich das Bild des guten Gottes retten. Die unbequeme Theodizee-Frage nach dem Ursprung des Übels scheint gelöst.

Sie „scheint" gelöst, denn in Wahrheit läßt sich ein derart komplexer Zusammenhang nicht so einfach erledigen. Wir werden darauf in einem späteren Kapitel zurückkommen. Viele Menschen aber geben sich mit der gegebenen Antwort zufrieden. Sie werden zu Anhängern der Wiedergeburts-Lehre aus letztlich theologischen Gründen.

D. Soziologische Gründe

6.12 Eine Verinnerlichung des in unserer Gesellschaft herrschenden Erfolgsprinzips

Die Mentalität der industriellen und nachindustriellen Epoche ist geprägt durch das Prinzip der „Effizienz". Im beruflichen Wettkampf muß sich der Mensch als dynamisch erweisen, als kompetitiv, effizient und innovativ. Der Schlagwörter sind viele, und sie werden uns in jedem Fortbildungsseminar und Managerkurs erneut eingeprägt.

Mit derartigen Qualitäten baut sich der Mensch von heute seine berufliche Karriere auf. Sein Aufstieg in der sozialen Pyramide wird ihm nicht geschenkt, er ist das Resultat eines fortwährenden Bemühens, etwas, an dem er arbeitete und das er mit seinem Einsatz selbst bewirkte. Im Rahmen dieses täglichen Arbeitskampfes erlebt er im allgemeinen wenig Solidarität. Trotz allen Redens von Teamarbeit und gemeinsamer Entwicklung bleibt letztlich doch jeder für sich, und wenn er es nicht schafft, dann wird er als Individuum entlassen, und nicht sein Team.

Diese täglich neu gemachte Erfahrung prägt heute das Bewußtsein von Millionen Menschen. Sie geht bis zu jenem Punkt, wo selbst ein Geschenk zurückgewiesen wird, weil der Geschenkempfänger weiß, daß er auch für das jetzt erhaltene Geschenk irgendwann wird zahlen müssen. Dies ist die Mentalität, in der die meisten Bewohner der nachindustriellen Zeit sich bewegen und leben. Ohne sie im Geringsten zu bejahen, müssen wir uns doch darüber sehr deutlich Rechenschaft geben. Denn viele von uns sehen den beschriebenen Zustand bereits als derart normal an, daß sie nichts weiteres mehr daran finden. Ein Beispiel mehr für die Art und Weise, wie die tägliche Erfahrung das Bewußtsein einer Epoche und ihrer Menschen prägt. Sie prägt es derart, daß viele, ohne es zu bemerken, ihre Alltagserfahrung auch in den religiösen Bereich hineinprojizieren. Es erscheint ihnen normal, daß sie auch dort nichts unentgeltlich erhalten.

Geprägt durch die „Effizienz-Mentalität“ der nachindustriellen Gesellschaften, können sich viele Menschen auch auf religiöser Ebene nicht vorstellen, etwas geschenkt zu erhalten.

Für jemanden, der sich im Leben daran gewöhnte, alles aus eigener Kraft zu erreichen, erscheint es normal, auch sein ewiges Heil durch eigene Anstrengung zu erlangen.

Nichts gratis zu bekommen, seinen Aufstieg allein und durch eigene Anstrengung im Verlauf mehrerer Leben zu verwirklichen, dies ist genau die Konzeption der Karma- und Wiedergeburts-Lehre. Diese Konzeption zu akzeptieren, fällt in der Tat jenen Menschen leichter, die sich bereits in ihrem alltäglichen leben an die gleichen Mechanismen gewöhnten. Ein Blick in die Strukturen unserer Gesellschaft zeigt, daß dies für den Großteil der Menschen in den nachindustriellen Gesellschaften zutrifft.

In der Folge finden wir in diesen Gesellschaften eine weitgehend unbewußte Grundstimmung, der die karmische Wiedergeburts-Lehre keineswegs unverständlich ist. Im Gegenteil, in ihr wiederholt sich letztlich nur ein bereits bekanntes Erlebnisschema. Dieses Schema kann sich zusätzlich noch verbinden mit einer Fortschrittsideologie, die jede soziale, geschichtliche und wissenschaftliche Evolution primär als Resultat menschlicher Anstrengung versteht.

Damit wird der Schritt zur Anwendung der gleichen Ideologie auch auf die Fragen des menschlichen Heils noch mehr erleichtert. Die Annahme der auf progressiver Evolution beruhenden karmischen Reinigung wird noch plausibler. *Der Schritt von einer Ideologie des sozialen Fortschritts hin zu einer religiösen Entwicklungsideologie ist unter Umständen sehr klein.*

II. Teil

Kritische Fragen an die Adresse der Wiedergeburts-Doktrin

7. Kritik vom christlich-biblischen Standpunkt aus

7.1 Es geht nicht darum, eine apologetische Polemik zu beginnen

Im vorausgehenden ersten Teil unserer Überlegungen versuchten wir, einige der Gründe zu formulieren, die Menschen zu Anhängern der Wiedergeburts-Lehre machen können.

Im folgenden zweiten Teil werden wir den Standpunkt wechseln. Was uns interessiert, ist die Frage, welche Einwände und Kritiken sich gegenüber der genannten Lehre formulieren lassen.

Dabei aber wollen wir von vornherein deutlich machen: Es liegt nicht in unserer Absicht, eine Polemik für oder gegen die Reinkarnation vom Zaune zu brechen. Wir haben seit Beginn unserer Überlegungen betont, daß es sich bei der Option für die Annahme einer Wiedergeburt letztlich um eine Glaubensüberzeugung handle. Glaube aber geht über das rationale Argumentieren hinaus. Jedes Argument provoziert von seiten des Gläubigen ein Gegenargument, und jedem Einwand wird er mit einer neuen Antwort begegnen. Das Resultat wäre eine der vielen unfruchtbaren Polemiken, die an kein Ende kommen. Genau dies aber wollen wir nicht. Keine Aggressionen, weder hier noch dort!

Unser Ziel ist ein anderes: Wenn wir Einwände gegen Wiedergeburt formulieren, dann nicht in der Absicht, sie mit rationalen Argumenten zu widerlegen. Es geht vielmehr darum, aufzuzeigen, daß derartige Einwände existieren. Der Glaubende kann sie zur Kenntnis nehmen, er kann sie auch beiseite schieben. Für jenen aber, der für seinen Glauben eine logisch-rationale Basis will, für den können sie zur Herausforderung werden.

Basierend auf dieser Herausforderung, werden wir im dritten Teil unserer Überlegungen dann eine Alternative zeigen. Eine Alternative, die unserer Ansicht nach überzeugender ist als die Antwort der Wiedergeburts-Doktrin. Genau wie diese fußt auch sie letztlich auf einem Glauben. Aber die Basis dieses Glaubens wird eine andere sein. *Es geht nicht darum, gegen die Lehre von der Wiedergeburt zu polemisieren. Es geht darum, die Basis ihres Glaubens zu betrachten und diese Basis mit einer Alternative zu vergleichen.*

7.2 Die Lehre von Wiedergeburt und Karma ist unvereinbar mit einer der fundamentalsten Wahrheiten der christlichen Religion

Gegen alle Versuche, Christentum und karmisches Prinzip miteinander zu harmonisieren, ist es wichtig zu betonen, daß dieser Versuch im Widerspruch steht zu einer der fundamentalsten Überzeugungen der christlichen Religion. Diese Religion wurde seinerzeit ein „eu-angelion" genannt, eine „Gute Botschaft", ein Evangelium. Dies aber geschah nicht zufällig, sondern aus einem ganz spezifischen Grund: *In ihrem Zentrum begegneten die Menschen der Botschaft von einem Gott, der verzeiht.*

Der Botschaft von einem Gott, der Gnade vor Recht ergehen läßt. Von einem Gott, der vom Menschen nicht fordert, daß er alles alleine mache.

Denn es ist ein Gott, der den Menschen liebt, und weil er ihn liebt, macht er aus den Fragmenten des menschlichen Lebens etwas Ganzes, etwas Globales, etwas, das wir ewiges Heil zu nennen pflegen.

Im Zentrum der „Guten Botschaft" des Christentums finden wir die grundlegende Überzeugung, *daß es in Gott Verzeihung gebe und nicht Vergeltung.*

Im Zentrum der Frohen Botschaft des Christentums steht das Wort vom verzeihenden Gott. In Gott gibt es Verzeihung, und nicht Vergeltung. Der Mensch braucht in seinem Leben nicht alles alleine zu vollbringen! Gott wirkt an seinem ewigen Heile mit!

In schärfstem Gegensatz zu solcher Botschaft der christlichen Hoffnung kennt die karmische Lehre von der Wiedergeburt nur das Prinzip der Vergeltung und des menschlichen Gelingens. Eine Verzeihung kann es nicht geben!

Der große französische Kodifikator und eigentliche Vater des europäischen Spiritismus, Allan Kardec, formuliert diese grundlegende Überzeugung der Wiedergeburts-Doktrin in unmißverständlichen Worten:

„Jeder begangene Fehler, jede begangene Sünde ist eine Schuld, die der Mensch auf sich lud und die bezahlt werden muß. Wenn dies nicht in einem Leben geschieht, dann im folgenden oder in den kommenden."[1]

Der Mensch ist im Augenblick seines Todes für alles voll verantwortlich. Er erhält nichts geschenkt.

Wenn wir diese Konzeption auf die theologische Frage des ewigen Heils anwenden, dann ergibt sich zwangsläufig die Folgerung, daß dieses Heil in seiner Ganzheit vom Menschen „verdient" werden muß. Dieses „verdienen" aber geschieht in einer aufeinanderfolgenden Reihe von Wiedergeburten, in deren Verlauf jeder einzelne sein Karma reinigen muß. Er selbst muß es tun. Niemand tut es an seiner Stelle. Es gibt kein Verzeihen. Alle Schuld wird bezahlt. Und da dies in einem einzigen Leben nicht möglich ist, braucht es eben ein zweites und ein drittes, und ein viertes, und so fort. Eine solche Konzeption mag der Mentalität all jener Zeitgenossen entsprechen, die davon überzeugt sind, alles unter Kontrolle zu haben. Aber sie widerspricht fundamental der christlichen Lehre und ihren *„Prinzip Gnade"*.

Dieses Prinzip besagt, daß der Mensch im Tod von Gott gerettet werden kann, der Mensch kann sich hineinwerfen in die Gnade Gottes, auch wenn er in seinem Leben versagte, denn dieser Gott ist ein Gott der Liebe und des Verzeihens.

[1] Übersetzt aus: Allan Kardec: O Ceu e o Inferno, Rio de Janeiro, Federação Espírita Brasileira 1963, S. 88

Für die Lehre von der Wiedergeburt gibt es nur Vergeltung, keine Verzeihung.

Der Mensch muß sein ewiges Heil durch eigene Anstrengung erreichen.
Dies bedeutet, daß im Grunde nicht mehr Gott durch seine verzeihende Gnade den Menschen rettet, nein, es ist der Mensch selbst, der sich durch eigene Anstrengung rettet, indem er sein Karma reinigt.

Wir stellen im zeitgenössischen Spiritismus eine enorme Anstrengung fest, das mechanische und mechanistische Verständnis der karmischen Gesetzmäßigkeit zu überwinden. Im Rahmen dieser Bemühungen zeigt sich als Schwerpunkt der Versuch, den Vergeltungsmechanismus des Karma neu zu interpretieren. Als Folge davon ergibt sich auch eine neue Sicht seiner Determinismen. Sie wurden ursprünglich, wie wir schon darlegten, als kosmisches Gesetz interpretiert, dem der Mensch zwangsläufig unterworfen sei. Die zur Zeit stattfindende Uminterpretation versucht, sie als dynamisches Prinzip zu fassen. Dies bedeutet, daß alles am Karma fortlaufend verändert werden kann, jeden Tag und jede Minute. Nichts mehr ist durch vorhergehende Leben fixiert, nichts ist mechanisch, der Einfluß schon früher gelebter Existenzen kann eliminiert oder umgewandelt werden. Der Weg dazu ist die fortlaufende Modifikation des menschlichen Unbewußten. Sie kann das Karma in jedem Augenblick verändern.

Diese neue Interpretation, die zur Zeit vor allem im brasilianischen Spiritismus außerordentlich betont wird, scheint auf den ersten Blick recht interessant, aber auch sie kann das eigentliche Grundproblem nicht lösen: Wer nämlich sein Unbewußtes ändern muß, ist der Mensch selbst. Niemand kann dies für ihn tun. Wenn er es nicht selbst vollbringt, dann ändert sich auch sein Karma nicht. Ohne Veränderung des Karma aber gibt es keinen Weg, um aus all jenen Zwängen auszubrechen, die ein negatives Karma bewirken. Ohne Reinigung dieses Karma jedoch ist keine Entwicklung möglich, und damit gibt es auch keine Möglichkeit, aus den Zyklen immer neuer Wiedergeburten zu entfliehen.

Die Argumentation dreht sich im Kreis. Der Mensch wird auch bei dieser Interpretation auf sich selbst zurückg eworfen. Er selbst ist es, der sein ewiges Heil erarbeiten muß. Früher wurde diese notwendige Anstrengung das „Reinigen des Karma" genannt; heute spricht man vom „Umformen des Unbewußten". Die Grundkonzeption bleibt die gleiche. Es gibt keine Gnade von außen. Es gibt keine Verzeihung. Der Mensch führt sich aus eigenen Kräften und durch eigene Anstrengung zu seinem letzten Ziel nach dem Tod.

Auch in einer modernen und dynamischen Interpretation des Karma bleibt die Grundvoraussetzung die gleiche:

Die Anstrengung, sein Karma bis hin zur letztgeforderten Ebene zu verändern, bleibt unausweichliche Aufgabe des auf sich selbst gestellten Menschen.

Damit begegnen wir auch hier dem grundlegenden Gegensatz zur Botschaft der Bibel.

Die ungeheure Distanz zur Botschaft Jesu wird nicht überwunden. Denn im Zentrum dessen, was jener Jesus brachte, steht nach wie vor, gegen alle Argumente einer Gesetzesreligiosität und trotz der empörten Proteste der Legalisten, die Botschaft von einer Liebe, die unentgeltlich verzeiht. Von einer Liebe, die nicht Vergeltung will, sondern Gnade. Das letzte und deutlichste Zeichen dieser umsonst geschenkten Gnade ist die Auferweckung Jesu nach einem einzigen gelebten Leben.

Und genauso wie Gott jenen einen, der einmal lebte und einmal starb, vom Tode auferweckte, so wird er auch jeden Menschen nach einem einmalig gelebten Leben auferwecken. Das ist die Hoffnungsbotschaft des Christentums.

Gott wird den Menschen auferwecken, nicht weil dieser es verdiente, sondern weil Gott gut ist. Hier finden wir den letzten und tiefsten Grund für die Hoffnung der Christen.[2] Und zu dieser Hoffnung steht die Annahme eines reinkarnationistischen Reinigungsweges, in dessen Verlauf der Mensch alleine sein Karma über viele Leben hinweg verändern muß, in einem frontalen Gegensatz.

Gegen die durch das persönliche Erfolgsprinzip geprägte Religiosität der Wiedergeburts-Doktrin hält die christliche Religion als zentrale Aussage fest an dem Glauben an eine unverdiente und unentgeltliche Liebe Gottes.

Gott führt den Menschen nicht zum ewigen Heil, weil dieser sich das Heil verdiente!

Gott führt den Menschen zum ewigen Heil, weil er ein guter Gott ist, ein Gott, der das Leben will, ein Gott der Liebe und des Verzeihens.

7.3 Die Wiedergeburts-Lehre kann sich nicht auf die Bibel stützen

Gegen alle Versuche, die Reinkarnationslehre auf biblische Texte abzustützen, muß klar betont werden, daß dies nicht möglich ist. Die Bibel stützt die Annahme einer Wiedergeburt nicht. In dieser Überzeugung sind sich alle großen Exegeten einig. Wer mit Bibelstellen die Wiedergeburts-Lehre beweisen will, interpretiert die Bibel falsch. Er versteht die Bedeutung bestimmter Textstellen nicht oder reißt jene Stellen aus dem Zusammenhang heraus.

Da dem so ist, erscheint es uns nicht sinnvoll, ebenfalls auf die immer gleichen Schriftstellen einzugehen und deren Fehlinterpretation aufzuzeigen. Wir beschränken uns darauf,

[2] Als Grundlage für diese Hoffnung auf eine unentgeltliche und unverdiente Liebe Gottes können neben vielen anderen die folgenden Texte angeführt werden: Lk 7,37; 15,1–6; 15,11–32; 18,10–14; Mt 18,12–14; Mk 2,14–17.

einen einzigen Autor zu zitieren, der die ganze Problematik sehr treffend zu einem Abschluß bringt:

„Wichtiger als die Widerlegung der angeführten – mißdeuteten – Schriftstellen ist es, darauf hinzuweisen, daß der Reinkarnationsgedanke der ganzen Botschaft, sowohl des Alten wie vor allem des Neuen Testaments, absolut fremd ist.“[3]

Die biblischen Texte verweisen den Menschen nicht auf die Notwendigkeit, sein Schicksal im Gefolge eines karmischen Gesetzes durch aufeinanderfolgende Existenzen zu vollenden. Statt dessen aber finden wir ganz kla re Verweise auf die Wichtigkeit des einen und einmal gelebten Lebens. Wir beschränken uns wiederum auf die Wiedergabe eines einzigen Zitates, diesmal jedoch aus der Bibel selbst. An der Echtheit des Textes läßt sich nicht rütteln; seine Deutlichkeit macht alle Versuche zunichte, den Glauben an Wiedergeburt auf die Bibel abzustützen:

„So wie jeder Mensch ein einziges Mal stirbt und dann vor das Gericht Gottes kommt, so hat sich auch Christus einmal geopfert, um die Sünden aller Menschen zu beseitigen.“ (Brief an die Hebräer 9, 27)

Reinhart Hummel setzt den obigen Text sehr treffend in den großen Zusammenhang der biblischen Gesamtbotschaft. In deren Optik ist die Frage nach Beginn und Ende ein für allemal beantwortet. Sie ist zu verstehen „von dem einmaligen versöhnenden Opfer Christi her und geht auf seine rettende und vollendende Wiederkunft zu. In der Spanne dazwischen spielt sich der Ernstfall des menschlichen Lebens in seiner Einmaligkeit und Unwiederholbarkeit ab.“[4]

In diesen Sätzen wird die ganze Botschaft der biblischen Texte in wenigen Worten zusammengefaßt. Sie betont die Einmaligkeit der menschlichen Existenz ebenso wie die Einmaligkeit des Handelns Gottes mit diesem Menschen. Wenn

3 Norbert A. Luyten: Ewigkeit des Menschen?, Freiburg 1988, S. 154.
4 Reinhart Hummel, Reinkarnation, Mainz/Stuttgart 1989, S. 123.

Gott handelt, dann ist für karmische Determinismen kein Platz. Deshalb auch kommen sie schon gar nicht zur Sprache.

Die Bibel kennt Wiedergeburt nicht. Was sie kennt, ist die Fortsetzung des Lebens, hinein in eine neue, in eine göttliche Dimension.

7.4 Die Annahme eines Karma entlastet Gott nicht von seiner Verantwortung angesichts des Übels und der Schlechtigkeit

Eines der großen Motive für das Festhalten an der Annahme karmischer Gesetze war immer der Versuch, das Übel in der Welt zu erklären. Wie läßt sich die Existenz des Schlechten verstehen, wenn Gott gut ist? Das ist die Frage aller Gläubigen seit Ijob, und sicher schon vor ihm. Woher kommt das Schlechte in der Welt?

Wenn es durch ein karmisches Gesetz verursacht würde, dann wäre Gott entlastet. Dann wäre er nicht schuld! Das ist die große Versuchung, Gott der Verantwortung zu entheben.

Alle Frommen atmen auf. Aber sie täuschen sich. Der Versuch, Gott durch die Annahme eines kosmischen Determinationsprinzips zu entlasten, schlägt fehl. Er muß fehlschlagen, weil er auf einem logischen Trugschluß beruht.

Das Schlechte, so sagen die Vertreter des karmischen Prinzips, wird durch den Menschen selbst bewirkt; seine schlechten Akte in einem vorhergehenden Leben bewirken Schlechtes im aktuellen Leben. Wenn dem aber so ist, dann müssen wir fragen, wo denn die schlechten Inhalte des ersten Lebens ihren Ursprung hatten. Vorhanden gewesen sein müssen sie wohl, denn nur so läßt sich das Schlechte im zweiten Leben verstehen, und im dritten, usw. Nur so läßt sich verstehen, daß es heute Schlechtes gibt. Es wurde verursacht durch Schlechtes im vorangehenden Leben.

Vor dem ersten Leben aber gab es kein Leben.

Unsere Argumentation dreht sich im Kreis, und die Antwort auf die Frage nach dem Ursprung des Bösen bleibt offen. Wenn es im ersten Leben eines Menschen nicht existiert hätte, dann gäbe es bis heute das Böse nicht. Das Böse aber existiert. Also muß es eine Ursache haben.

Diese Ursache, so ließe sich sagen, liegt im freien Willen des Menschen. Der freie Wille war es, er den Menschen in seinem ersten Leben schlecht handeln ließ. Dadurch aber wurde die karmische Abfolge erst in Gang gesetzt.

Mit dieser Argumentation sind wir sehr deutlich innerhalb des von der Wiedergeburts-Lehre vertretenen Gesichtspunktes. Der Mensch und seine freien Entscheidungen verändern das Karma. Aber auch diese Antwort löst den eigentlichen Widerspruch nicht auf. Sie verschiebt ihn nur. Denn wenn der Mensch die Ursache des Bösen ist, dann müssen wir wohl nach der Ursache dieses Menschen fragen. Wer schuf diesen Menschen, der Böses bewirken kann? Und warum schuf er ihn so? Die Frage fällt auf Gott zurück.

Was ist das für ein Gott, der einen Menschen schuf, der Böses tun kann? Einen Menschen, der mit seinem Tun derart unermeßliches Leid bewirken kann? Einen Menschen, dem es offensichtlich nicht möglich ist, im Verlauf eines einzigen Lebens zur Vollkommenheit zu gelangen?

Muß die Schöpfung also verbessert werden? War Gott nicht fähig, sie auf Anhieb gut zu gestalten? War er nicht fähig, einen anderen Menschen zu schaffen? Oder wollte er es nicht?

Der Fragen sind viele, und es werden immer mehr. Sie alle lassen sich elegant umgehen, wenn wir darauf verw eisen, daß ihre Beantwortung im Geheimnis dessen verborgen sei, das wir Gott nennen. Solches Vorgehen ist möglich aber es wirkt eher peinlich. Auf jeden Fall befriedigt es nicht.

Und vor allem beantwortet auch diese Art der Flucht vor dem Problem unsere Grundfrage nicht: Ist Gott verantwortlich für das Böse? Offensichtlich ja, denn selbst wenn die Antwort im Geheimnis Gottes verborgen bleibt, verändern sich die Fakten nicht. Und die Fakten sind, daß das Böse existiert, daß Gott es zuläßt, daß er es akzeptiert, daß er es toleriert – irgendwo bleibt er folglich der letzte Verantwortliche.[5]

Genau diese Verantwortung aber sucht die Wiedergeburts-Lehre von ihm zu nehmen. Sie erklärt das Böse durch das karmische Gesetz und entlastet dadurch Gott. Der Versuch muß notwendigerweise mißlingen.

Natürlich ließe sich die Argumentation auch an jener Richtung weitertreiben, wie wir sie oft im christlichen Kontext beobachten: Weder Gott noch sein Geschöpf, der Mensch, sind verantwortlich für das Böse. Sein Ursprung ist zu suchen bei einem Teufel, der die Menschen verdirbt.[6] – Auch dieser Versuch einer Entlastung Gottes hält nicht stand. Denn woher kommt der Teufel?

Entweder wurde er von Gott geschaffen, dann fällt die Verantwortung in letzter Instanz wieder auf diesen Gott. Oder aber der Teufel ist eine Art Gegengott, ein böser Gott. Falls wir solches annehmen möchten, fallen wir in ein manichäisches Denken zurück, und der Manichäismus wurde mit vollem Recht bereits in den ersten Jahrhunderten des Christentums als Häresie verurteilt.

Wir können es drehen und wenden, wie wir wollen, es gibt keine zufriedenstellende Antwort auf das Böse, die Gott und seine Verantwortlichkeit ausklammern kann. Auch die Wiedergeburts-Lehre kann es nicht. Gerade in ihr aber zeigt sich die Problematik eines Denkens, das letztlich weit weniger auf logisch-rationalen Argumenten beruht, als es den Anschein hat.

Eine genauere Analyse zeigt statt dessen das Vorhandensein von mythischen, von esoterischen und von mystischen Elementen. Und genau in dieser Mischung liegt vermutlich auch das faszinierende Element der karmischen Welt- und Lebenserklärung. So viele Menschen sind zutiefst enttäuscht von den rational-logischen Strukturen und Denkweisen der modernen

5 Wir verweisen hier auf die interessante Art der Auseinandersetzung mit diesem Problem in den biblischen Schriften: z.B. das Buch Ijob oder die wenig bekannte Schrift des Propheten Micha. (vgl. z.B.: Mi 6,13–16).

6 Zur Frage der Teufelsproblematik vergleiche man die interessanten Ausführungen von Herbert Haag, Abschied vom Teufel. Vom christlichen Umgang mit dem Bösen, Zürich 1990.

Gesellschaft. Sie wurden enttäuscht selbst durch die rationalen Erklärungsversuche der christlichen Lehre. Was sie wollen, ist nicht Logik, sondern Emotionalität. Gefühle und das Erahnen des Irrationalen jenseits der Logik.

Angesichts einer solchen Haltung erweist sich auch die Problematik unseres eigenen Versuches, rationale Kritiken der Wiedergeburts-Lehre zu formulieren. Wenn wir es dennoch unternehmen, dann in der Hoffnung, der Leser werde durch sie dazu geführt, auch die im dritten Teil des vorliegenden Buches dargelegte Alternative zu betrachten. Wir hoffen, daß er in ihr, über die rationalen Argumente hinaus, auch eine neue Dimension der Emotionalität entdecke.

8. Kritik vom philosophisch-anthropologischen Standpunkt aus

8.1 Die Wiedergeburts-Lehre basiert auf einem völlig überholten anthropologischen Modell

Es gehört zu den Grundvoraussetzungen der Wiedergeburts-Lehre, anzunehmen, daß das menschliche Ich, die Seele, mit jeder neuen Existenz in einem neuen Leib eingehe. Diese Leiber, in denen die Seele sich der Reihe nach inkarniert, haben für sich betrachtet keinen konstitutiven Wert. Sie sind Hüllen, innerhalb derer das eigentliche „Ich", die Seele, ihre Aufgabe der progressiven Evolution verwirklicht.

Der Leib bleibt dabei immer sekundär, ein Wegwerf-Leib sozusagen, und dies gilt selbst für die bis heute nie bewiesene Hypothese, daß der Mensch neben seinem materiellen Leib noch einen sogenannten Astralleib besitze, einen feinstofflichen Leib. Der Leib bleibt zweitrangig. Er ist Mittel dafür, daß die Seele ihren evolutiven Weg der Reinigung des Karma gehen kann, mehr nicht.

Bezeichnenderweise ist denn auch das letzte Ziel dieser Evolution ein Zustand, in welchem der Leib nicht mehr nötig ist. Ein vergeistigter Zustand, eine höhere Dimension, in welche die menschliche Seele eingeht, ohne zu weiteren leiblichen Inkarnationen gezwungen zu sein.

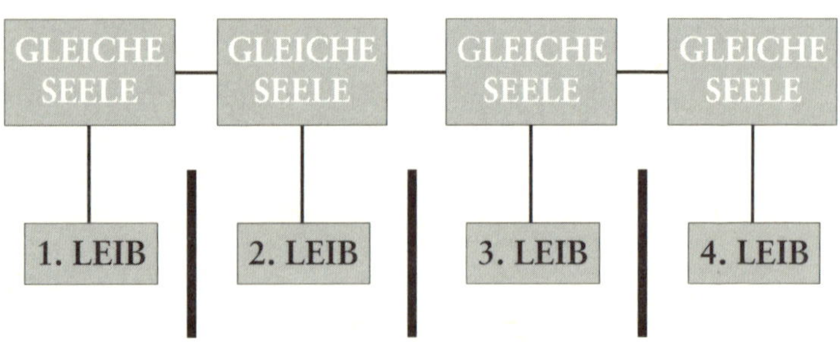

Hinter diesem Schema verbirgt sich die ganz ursprüngliche dualistische Weltsicht, wie wir sie im Buddhismus und Hinduismus und später in der hellenistischen Philosophie wiederfinden. Wir dürfen nie vergessen, daß der Vater des modernen Spiritismus, Allan Kardec, von hier seine Anregungen bezog. Die dahinterstehende Anthropologie wird in einem Artikel von Henri Bourgeois wie folgt charakterisiert: „Der Mensch glaubt, eine autonome und unabhängige Person zu sein. In Wahrheit aber ist er nur eine provisorische und zufällige Erscheinungsform der universellen Energie oder der kosmischen Wirklichkeit Dieses Wesen inkarniert sich solange, als es eines Leibes bedarf. Und es braucht solange einen Leib, solange das Ich noch in der Illusion befangen ist, jemand zu sein. Das letzte Ziel jedoch, zu dem es kommen muß, ist die Vernichtung solcher Illusion. Dies aber bedeutet mit anderen Worten die Auflösung des individuellen Subjekts...“[7]

Allan Kardec kannte diese Weltsicht der indischen Religionen, und er wurde durch sie beeinflußt. Dazu kommt, daß er selbst in einem religiös-kulturellen Kontext lebte, der seinerseits von einer dualistischen Weltsicht geprägt war. Die Wurzeln dieses europäischen Dualismus reichen über Platon und den Neuplatonismus der ersten christlichen Jahrhunderte bis zu Descartes und dem Kartesianismus der Moderne. Das dualistische Modell von Welt und Mensch drang sehr früh ins Christentum ein und prägt das christliche Denken bis heute. Seine Grundkonzeption aber ist die folgende:

Das Wesen der menschlichen Person ist die Seele. Sie ist unverweslich, unzerstörbar, ewig und geistig. Diese Seele inkarniert sich in einem Leib. Ihre größte Sehnsucht aber ist es, aus diesem Leib wieder befreit zu werden, um wiederum als geistiges Wesen zu existieren. Dies nämlich ist ihre wahre Existenzform. Der Leib seinerseits hindert die Seele daran, in ihren eigentlichen Naturzustand des reinen Geistes zurückzu-

[7] Henri Bourgeois, Réincarnation, réssurrection: Présupposés et fondements, in: Lumière & Vie, tôme XXXVIII, Nr. 195, Dezember 1989, S. 79.

kehren. Aus diesem Grunde ist er eigentlich etwas Schlechtes; etwas, das so schnell wie möglich überwunden werden muß. Das eigentliche Sein der menschlichen Person ist nicht ihre körperliche Existenzform, sondern ein Leben als reiner Geist.

Dies ist in kurzen Worten die grundlegende Konzeption des Menschen, so wie sie der platonische Dualismus formulierte. Dahinter steht der Versuch, eine Modellvorstellung zu entwickeln, die das menschliche Leben und vor allem das Schicksal des Menschen nach dem Tod erklären könnte.

Vor allem dieses letzten Anliegens wegen wurde das Modell sehr schnell vom Christentum aufgegriffen. Es schien eine der Grundaussagen dieses Christentums, daß es nämlich ein Leben nach dem Tode gebe, logisch zufriedenstellend zu erklären. Und da alles so logisch ineinandergriff und die theologische Aussage sich so gut in das bereits vorhandene philosophische Denkschema verpacken ließ, fragte niemand nach seiner Richtigkeit. Fragt bis heute kaum jemand nach seiner Richtigkeit. Wir finden das Modell bis heute in der großen Mehrzahl der christlichen Feiern um das Phänomen des Todes. Seine Grundkonzeption ist immer die gleiche: *Der Leib stirbt, und die Seele lebt weiter in der Ewigkeit.*

Innerhalb dieses christlichen Kontextes ist auch Allan Kardec und der moderne Spiritismus anzusiedeln. Er betont die Notwendigkeit evolutiver Wiedergeburten, aber seine Grundkonzeption unterscheidet sich nicht grundsätzlich vom anthropologischen Modell des Christentums.

Dieses anthropologische Modell aber ist falsch! Wenn wir es mit den heutigen Kenntnissen um das Wesen des Menschen vergleichen, wenn wir Anthropologie und Psychologie befragen, dann zeigt sich immer deutlicher, daß ein dualistisches Verständnis des Menschen als Leib und Seele hoffnungslos veraltet ist. Es ist falsch! Der Mensch ist ein weit komplexeres Wesen. Er läßt sich nicht trennen in eine vom Leib unabhängige Seele und einen auswechselbaren materiellen Bausatz.

Das dualistische Menschenbild, demzufolge der Mensch aus einem sterblichen Leib und einer unsterblichen Seele bestehe, wurde durch die zeitgenössische Anthropologie unwiderruflich überwunden und für falsch erklärt.

Ein Modell ist so lange von Nutzen, bis es sich als falsch erweist. Für das dualistische Mensc henbild kam dieser Moment im 13. Jahrhundert. Damals zeigte Thomas von Aquin, der größte und bekannteste Philosoph der Scholastik, daß der Mensch nicht aus den zwei getrennten Substanzen von Leib und Seele besteht. Die Basis für eine solche Überwindung des Dualismus liegt in der aristotelischen Philosophie. Auf ihr aufbauend, entwickelte Thomas von Aquin ein neues Modell des Menschen. Der Mensch ist eine einzige Substanz. Als solche ist er nicht teilbar in die zwei Prinzipien von Leib und Seele. Die Seele ist vielmehr die „Form" des Körpers, und der Mensch ist nur Mensch als ein körperliches Wesen. Damit wird der Leib zu einem konstitutiven Element dessen, was wir menschliches Wesen nennen. Er ist nicht ein eher lästiges Anhängsel für eine geistige Seele. Es ist vielmehr so, daß der Mensch nur Mensch sein kann als Körper, und ohne Körper gibt es keinen Menschen.

Nach Thomas von Aquin kann der Mensch nicht als reine Seele existieren. Menschsein bedeutet immer auch körperliches Sein.

Diese Verwerfung eines dualistischen Menschenbildes aber finden wir nicht etwa nur im Mittelalter, sie bildet den fundamentalen Bestandteil auch der heutigen Anthropologie. Wir zitieren als Beispiel aus dem protestantischen Kontext einen der ersten Vertreter der neuen anthropologischen Reflexion, Wolfhart Pannenberg. Sein bekanntes Buch „Was ist der Mensch? Die Anthropologie der Gegenwart im Lichte der Theologie" erschien bereits 1981 in 6. Auflage. Der Autor schreibt darin zur Frage eines dualistischen Menschenbildes im wesentlichen das Folgende:

Der Mensch besitzt nicht eine Seele als unabhängige Wirklichkeit, die in Gegensatz stünde zu seinem Leib. Er besitzt ebensowenig einen Leib, der sich total mechanisch bewegte.

Beide Modelle sind Abstraktionen. Was wirklich existiert, ist die Einheit eines lebenden Wesens, des Menschen, der sich bewegt und auf die Welt reagiert.[8]

In seinem Grundriß einer christlichen Eschatologie schreibt Ambroos R. van de Walle aus katholischer Sicht schon 1983:

„Das platonische dualistische Menschenbild, dessen sich der christliche Auferstehungsglaube jahrhundertelang dankbar und mühelos zu bedienen verstand, als Auferstehung nur des Leibes, weil die Seele selbst unsterblich ist, *gilt in der heutigen Auffassung vom Menschen als hoffnungslos überholt.* Die Anthropologie nimmt heute ziemlich allgemein an, *daß der Mensch eine untrennbare Einheit ist,* die man unmöglich in zwei selbständige Teile, Seele und Leib, aufspalten kann.“[9]

Gleiche Gedankengänge finden sich in der überwiegenden Mehrheit der zeitgenössischen Publikationen zum Thema. Ihnen allen kann als weiteres interessantes Faktum noch beigefügt werden, daß auch die biblischen Texte, abgesehen von einigen wenigen hellenistisch beeinflußten Ausnahmen, das dualistische Menschenbild nicht kennen. Auch in der Bibel wird der Mensch als eine untrennbare Einheit gesehen.

Wenn dem so ist; wenn der bedeutendste Philosoph des christlichen Mittelalters den Gedanken einer vom Leib unabhängigen Seele verwirft; wenn die zeitgenössische Anthropologie es ebenso hält, und wenn diese Verwerfung zu alledem noch eine Bestätigung in den Schriften der Bibel findet – welchen Grund gäbe es noch, um ein derart offensichtlich falsches und überholtes Modell weiterhin zu vertreten?

Es gibt keinen Grund! Es sei denn, man wolle das Modell unter allen Umständen beibehalten, um mit ihm eine Doktrin zu retten, die seiner als Grundlage bedarf. Wenn aber diese Grundlage sich als falsch erwies, dann ist notwendigerweise auch die Doktrin, die darauf basiert, eine falsche Doktrin. Das ist die logische Folge.

8 Nach: W. Pannenberg, Was ist der Mensch?, Göttingen 1981, S. 36.
9 Ambroos R. van de Walle, Bis zum Anbruch der Morgenröte, Düsseldorf 1983, S. 37.

Wenn die Voraussetzungen der Wiedergeburts-Lehre unrichtig sind, dann gibt es eben das nicht, was die Lehre verkündet: Die Wanderung einer vom Körper losgelösten Seele hinein in andere, neue Körper, kurz, die Wiedergeburt. Dies klar zu erkennen erscheint uns wesentlich. Der Mensch ist nicht primär eine Seele, deren Leib eher die Funktion eines auswechselbaren Anhängsels hat. Der Mensch ist eine nicht trennbare Einheit: So sagt es die zeitgenössische Anthropologie, so lehrte es schon Thomas von Aquin, so finden wir es in den Schriften der biblischen Offenbarung.

Der Mensch ist dieser einmalige und unvertauschbare Mensch durch seinen Leib und in seinem Leib. Und alles, was diesem Menschen geschieht, geschieht dem gesamten Menschen. Seine Personwerdung vollzieht sich nicht durch die Evolution einer hypothetischen Seele, getrennt von jedem materiellen Prinzip. Menschliche Persönlichkeit entsteht vielmehr in der Gesamtheit eines lebenden Wesens. Zu dieser Gesamtheit aber gehört unverzichtbar und wesensmäßig auch der einmalige und unvertauschbare Leib dieses Wesens.

Das ist die Schlußfolgerung, zu der wir nicht etwa aufgrund theologischer Überlegungen gelangen müssen, sondern auf der Basis zeitgenössischer Erkenntnisse der Anthropologie. Eine Seelenwanderung und Wiedergeburt kann es nicht geben, weil es keine vom Leib getrennte und unabhängig existierende Seele gibt.

8.2 Ein dualistisches Menschenbild enthält die Gefahr einer negativen Grundhaltung gegenüber dem Leib und seiner konkreten Geschichte

Die dualistischen Denkmodelle des Abendlandes sind alle geprägt durch eine mehr oder weniger starke Abwertung oder gar Ablehnung des Körpers. Wir stellen diese Tendenz sehr deutlich im christlich-dualistischen Denken fest, und zwar bis hin in die jüngere Vergangenheit. In den letzten Jahrzehnten jedoch versucht gerade die christliche Theologie und Moral mit großem Aufwand, den Dualismus zu überwinden und zu einer positiven Sicht von Leib und Sexualität zu gelangen. Die spiritistisch inspirierten Religionen dagegen halten an einer überholten, dualistischen Leibauffassung fest. Sie müssen daran festhalten, weil sie die Grundlage ihrer Überzeugung von der Wiedergeburt bildet.

Diese Tatsache wird oft zu leugnen versucht. Man bemüht sich, die Einschränkungen, denen menstruierende Frauen unterworfen werden, mit wissenschaftlich tönenden Gründen zu erklären. Man wiederholt immer und immer wieder, daß die Forderungen nach einem „reinen und gereinigten Leib" und nach sexueller Enthaltsamkeit keineswegs auf Leibfeindlichkeit zurückzuführen seien. So wird zum Beispiel in den spiritistischen Religionen Brasiliens erklärt, durch den Sexualakt käme die energetische Aura des Menschen zu ungeschützt in Kontakt mit der Aura anderer Personen. Es wird gesagt, die hochenergetischen Entladungen des Sexualpotentials könnten böse Geister anziehen. Es heißt, die Zeit der Menstruation sei eine Periode, während welcher der Energiefluß im Körper nicht völlig kontrolliert werden könnte, daher müßte starker Energieaustausch mit Geistern in dieser Zeit vermieden werden.[10]

Alle diese Begründungen und Argumente fußen auf Annahmen. Bis heute wurden die Theorien über energetische Entladungen, Energieflüsse und vibratorische Zentren im Menschen nie und nirgends wissenschaftlich bewiesen. Gleiches gilt von der Annahme eines Chakra und dem Bestimmen magnetischer Pole, von dem so viel im Spiritismus die Rede ist. In den meisten Fällen lassen sich die als Beweise angeführten Phänomene auf psychische oder parapsychologische Ursachen zurückführen. Es sind Annahmen, keine Beweise.

Verborgen aber hinter der ganzen Argumentation und der Suche nach Beweisen, zeigt sich immer wieder das andere Problem: Der Dualismus. Die Optik, unter welcher der

[10] Man vergleiche dazu als Beispiel etwa das Lexikon: „Cultos Afro-Brasileiros", São Paulo (ohne Erscheinungsjahr), Edition Três, S. 30.

Mensch betrachtet wird, ist von vornherein eine spiritualistische Optik. Sie enthält alle jene alten und schon so oft als falsch überführten gnostischen Elemente einer dualistischen Weltsicht. Und in ihrem Gefolge den Versuch, das Wesen des Menschen auf eine rein geistige Dimension zu reduzieren. Der Leib dieses Menschen wird primär gesehen als Ort spiritueller Vibrationen, äthero-physischer Emanationen und geistenergetischer Ströme.

Man spricht von Abstrahlungen, unbewußten Geistesinhalten und schließlich vom Astralleib.

Wann aber ist die Rede von unserem ganz konkreten, sinnlich faßbaren Körper? Von jenem Körper, der schön ist und anziehend und verlockend, und mit dem wir Erfahrungen machen in dieser Welt? Dessen Sinne uns Eindrücke vermitteln, angenehme und weniger angenehme? Der uns beglückt und der schmerzt? Wann spricht man von unseren Sinnen, durch die wir nicht hypothetische Ausstrahlungen oder spirituelle Vibrationen empfangen, sondern konkrete Informationen über die Welt rund um uns? Wann hören wir von den beglückenden Dimensionen unserer sinnlichen Erfahrungen? Jenen Erfahrungen, die uns die Welt in ihrer faszinierenden Körperlichkeit nahebringen? In jener Körperlichkeit, durch die wir unsere Brüder und Schwestern erfahren, ihre leibliche Gegenwart, verführerisch im besten Sinn, attraktiv und sinnlich und interessant? Der Kontakt meines Leibes mit ihren Leibern ist es, er mich prägt, durch den ich mich erfahre und den anderen, im Guten und im Bösen. Der Kontakt meines Leibes mit ihren Leibern ist es, der mich beeinflußt in meinem eigenen körperlichen Sein, in meiner Welt, in der Gesamtheit meiner Existenz. Nie habe ich einen anderen Kontakt mit den Menschen rund um mich, außer durch Vermittlung meines Leibes. Meiner Augen, meiner Ohren, meiner Hände. Und noch in den hochgeistigsten Erfahrungen meines religiösen Lebens sind es immer die Organe meines Körpers, die dabei wesentlich beteiligt sind: mein Gehirn, meine Hormone, mein Herz.

Der Einfluß anderer Menschen auf mich verläuft nie anders

als auf dem Weg über die Sinne, konkret und sichtbar und prägend für mich und die anderen. Ich werde die Vielschichtigkeit und Komplexität dieser Beziehungen zwischen mir und der mich umgebenden Welt nicht verstehen, wenn ich sie von vornherein auf energetische Vibrationen reduziere, auf geistige Irradiationen oder psycho-magnetische Ströme. Genau dies aber ist die Tendenz bei so vielen Vertretern einer auf dualistischen Grundkonzeptionen aufgebauten Wiedergeburts-Doktrin.

Entgegnen Sie mir jetzt bitte nicht, daß die Informationen, die uns unsere Sinne vermitteln, nicht den wahren Sachverhalt über diese Wirklichkeit enthalten. Auch ich kenne die neuen und neuesten Entdeckungen der evolutionären Erkenntnistheorie zum Thema. Die einschlägigen Experimente der Verhaltensforschung sind mir nicht un bekannt, genausowenig wie jene der sensorialen Biologie. Trotz alledem aber ...

Trotz alledem, und wissend um die Tatsache, daß unsere körperlichen Sinne mich in der Tat nicht umfassend und absolut richtig über die Welt informieren: Ich halte daran fest, daß sie es sind, die mich informieren. Ich halte daran fest, daß diese Welt, so wie ich sie erlebe, zuerst nicht eine geistige Welt ist, sondern eine konkrete und materielle, die ich sehe und spüre und mit der ich in Kontakt trete mit meinem Leib. Mit diesem Leib, der sich formt durch solche Kontakte und der mich formt, denn mein Leib, das bin ich. Ein Wesen, dessen seelisch-psychische Ebene nicht zu trennen ist von seinem körperlichen Sein.

Durch die abertausenden von sinnlich vermittelten Kontakten werde ich zu dem, was ich bin, ich mache mich selbst zu dieser und dieser Person; so daß meine ganze Lebensgeschichte letztlich immer auch die Geschichte meines Körpers ist.

Meine ganze Lebensgeschichte ist immer die Geschichte meines leiblichen Lebens. Ich mache mich zu dem, was ich bin, durch meinen Leib und durch den Kontakt, den er mir mit der Welt ermöglicht.

Über diese konkrete, leibhafte Geschichte des Menschen aber spricht man sehr selten in einem durch Spiritismus und Esoterik geprägten Milieu. Und wenn man davon spricht, dann werden die konkreten, sinnlich wahrnehmbaren und körperlich vollziehbaren Erfahrungen nur interpretiert in bezug auf ihre Funktion, angesichts gewisser hypothetisch vorausgesetzter Vibrations- und Energieübertragungs-Ebenen.

Dies aber heißt, daß wir hier wiederum dem alten, gnostisch-dualistischen Denken begegnen. Jenem Denken, das von den konkreten Erfahrungen der Körperwelt abstrahiert, um sich der Beschäftigung mit höherenergetischen geistigen Dimensionen zu widmen.

Was das Sprechen der zeitgenössischen esoterischen und spiritistischen Gruppen unterscheidet von der Art, wie die alten Vertreter der Gnosis und des Neoplatonismus über den Leib sprachen, ist nur die Terminologie. Es werden Begriffe aus Psychologie und Quantenphysik verwendet, die geistige Welt dahinter jedoch blieb die gleiche: Der wahre Gehalt menschlicher Existenz wird nicht auf der Ebene des körperlich-konkreten Lebens gesehen, sondern auf einer spirituellen Ebene von „Vibrationen" oder psychoenergetischen Übertragungsmechanismen.

8.3 Auch Bibel und Theologie legen es nahe, den Menschen als Körperwesen ernst zu nehmen und zu achten

Gegen jede dualistische Spiritualisierung des Menschen müssen wir mit Nachdruck den wahren und auch vor Gott bestehenden Wert all dessen betonen, was wir menschlichen Körper nennen. Im esoterisch-spiritistischen Denken verliert sich dieser Wert hinter Begriffen und wissenschaftlichen Wortgebilden, so wie sie im vorhergehenden Kapitel genannt wurden. Innerhalb des christlichen Denkens geschah und geschieht das gleiche in einer religiösen Sprache, die nach wie vor in erster Linie um die Frage der menschlichen Seele kreist und Wege zeigt, wie diese Seele ihr ewiges Heil erlangen könne.

Wenn wir hier, im Gegensatz zu all diesen Tendenzen einer Spiritualisierung des Menschen, den anderen Standpunkt einnehmen, wenn wir die Ganzheit dieses Menschen als körperlich-geistiges Wesen betonen, dann hat dies nichts zu tun mit eindimensionalem Materialismus.

Die Betonung menschlicher Ganzheit bedeutet nicht eine Reduktion des Menschen auf reine Materie. Sie bedeutet vielmehr, daß der ganze Mensch mit seiner konkreten Lebenserfahrung ernst genommen wird. Von diesem Menschen in seiner Gesamtheit sprechen auch die Bibel und die zeitgenössische Theologie. Von diesem Menschen in der Gesamtheit seiner körperlichen Existenz spricht Gott. Und er spricht so sehr davon, daß er selbst sich nicht etwa als geistig-göttliches Wesen den Menschen offenbarte, sondern als ein körperlich erfahrbarer Mensch, hingestellt in eine konkrete geschichtliche Welt. Und wenn dieser Gott in seiner menschlichen Gestalt als Jesus von Nazaret handelt und spricht, dann spricht er nicht etwa von energetischen Emanationen oder spirituellen Vibrationen, nein, er spricht von so profanen und körperlichen Dingen wie Hunger und Blindheit und Lepra. Er vergleicht das Wirken Gottes mit einem Gastmahl, erzählt von verlorenen Schafen und verteidigt Dirnen, und sein erstes öffentliches Auftreten ist gekennzeichnet durch ein Fest, dessen in Wein verwandeltes Wasser wohl manchem zu einem tüchtigen und sehr körperlich empfundenen Rausch verhalf.

Wenn Gott den Menschen immer in der Gesamtheit seiner körperlich-geistigen Existenz sieht, warum sollen wir ihn anders sehen?

In der ganzen biblischen Tradition handelt Gott nie mit Geistseelen, sondern immer mit konkreten Menschen. Er handelt auch nicht mit psycho-energetischen Strömen oder mit feinstofflichen Astralleibern. Wenn Gott sich dem Menschen zuwendet, dann wendet er sich an den konkreten Menschen. An jenen Menschen, der in einer klar definierten geschichtlichen Situation als körperlich faßbares Wesen lebt.

In der Geschichte Gottes mit den Menschen handelt Gott nie mit energetischen Astralleibern oder kosmischen Vibrationen. Er handelt immer mit körperlichen konkreten Menschen innerhalb ihrer ganz konkreten Geschichte.

Die ganze Geschichte Gottes mit den Menschen ist nie die Geschichte von Seelen, sondern immer die Geschichte ganzheitlicher, körperlich realer Menschen und ihres Bezuges zu Gott. Wer die Welt nur von ihrer spirituellen Seite betrachten will, kann sich nicht auf diesen Gott berufen. Ebensowenig läßt sich die moderne Naturwissenschaft zur Stützung einer dualistischen Weltsicht heranziehen. An dieser Tatsache ändert auch eine naturwissenschaftlich klingende Terminologie nicht viel. Die wissenschaftlichen Fakten sprechen dagegen: die in Quanten- und Feldtheorie diskutierte Mehrdimensionalität der Körper; Körper mit mehr als drei räumlichen Dimensionen; „die Vorstellung, daß Raum und Zeit möglicherweise eine geschlossenen Fläche ohne Begrenzung bilden";[11] Die Überwindung eines Begriffes von Zeit, die diese als linearen Vektor versteht. – Diese und so viele andere Entdeckungen der zeitgenössischen Physik bewirkten ein völlig neues Verständnis dessen, was Welt und Materie ist. – Nie aber wird dabei ausgegangen von der Annahme einer dualistischen Welt. Statt dessen zeigt sich immer deutlicher die Tatsache, daß Geist ohne Materie ebensowenig begriffen werden kann wie Materie ohne Geist. Ausgehend von den neuen Erkenntnissen auf dem Gebiet der subatomaren Teilchen, ist es nicht mehr denkbar, Materie und Geist zu trennen. Weit weniger noch wird es möglich, die materielle Dimension der Dinge und des Menschen einfach zu negieren.

Die zeitgenössische Naturwissenschaft hat eine neue Sicht der Materie erarbeitet, die weit über das hinausgeht, was Platon und irgendein Platonismus sich je vorstellen konnten. Gerade deshalb aber lehnt sie den Wert und die Bedeutung

[11] Vgl.: Stephen W. Hawking, Eine kurze Geschichte der Zeit, Reinbek b. Hamburg 1988, S. 179.

der materiellen Dimension des Menschen nicht ab, im Gegenteil. Wir werden im Rahmen unserer Überlegungen noch ausführlicher auf diese Thematik eingehen. Dann nämlich, wenn wir uns mit der Frage der Auferstehung des Leibes befassen. Man vergleiche dazu das entsprechende Kapitel im dritten Teil dieses Buches.

8.4 Die Wiedergeburts-Lehre macht aus dem erschütternden Skandal des menschlichen Todes ein harmloses Zwischenspiel

Die Unterbewertung des Menschen als eines sinnlichen Körperwesens findet ihren Ausdruck auch in der Haltung gegenüber dem unübersehbaren und nicht wegzudiskutierenden Skandal des menschlichen Todes. Jeder Mensch stirbt, und mit diesem Tod endet sein Leben in einem einmaligen und radikalen Sinn. Die Geschichte seiner Existenz innerhalb der Zeit kommt an ein Ende, wird unterbrochen. Er wird in oft brutaler Weise getrennt von all dem, was er je geleistet hat, von allem, was er liebte, von allen seinen Projekten und Träumen. Der Mensch stirbt und ist für seine Umwelt tot. Solches Wegsterben von allem, was ihm lieb und teuer war, ist ein erschreckender Skandal, darüber hilft kein noch so wohlgemeinter Erklärungsversuch hinweg.

Der menschliche Tod bleibt ein erschreckender, radikaler und entsetzlicher Bruch mit allem, was der Mensch in seinem Leben tat, erträumte oder liebte.

Ungeachtet aller Versuche, den Tod mit dem Leben zu harmonisieren, ist es nicht möglich, dem Tod mit rationalen Argumenten seinen Schrecken zu nehmen. Es bleibt der Bruch, es bleibt der Skandal eines Endes, es bleibt die absurde Tatsache, daß mit dem Tod eine menschliche Persönlichkeit verschwindet, die im Verlauf eines ganzen Lebens aufgebaut wurde. Die sich durch Leid und Glück und Anstrengung formte. Plötzlich ist sie nicht mehr da. – Ein Skandal! Wozu all jene Anstrengungen, wozu die Mühe? Verweht wie ein Rauch von Winden. Ist das alles, was der Mensch je war? Die Frage der barocken Dichter bleibt bis heute, und angesichts ihrer Eindringlichkeit versagen alle logischen Erklärungsversuche. Auch die Antwort des Christentums würde versagen, wenn sie nicht über die Ebene der Logik hinauszugehen wagte. Die christliche Religion verlangt, daß ich jenen radikalen Bruch akzeptiere und daß ich doch daran glaube, jene Persönlichkeit sei durch den Tod nicht ausgelöscht. Die christliche Religion betont, daß der Bruch zwischen dem diesseitigen Leben und der Existenz nach dem Tod ein radikaler sei. So radikal, daß es dem Menschen nicht möglich sei, Kontakte herzustellen zwischen dem Diesseits und jenen neuen Dimensionen, die wir das Jenseits nennen.

Das Jenseits ist das ganz Andere. Das, was total und völlig verschieden ist von unserer Welt. Das völlig Neue.

Paulus formuliert es im ersten Korintherbrief in unüberbietbarer Schärfe: „Kein Auge hat es gesehen und kein Ohr hat es gehört und in keines Menschen Herz ist je gedrungen, was Gott denen bereitet hat, die ihn lieben." (1 Kor 2,9)

Das Jenseits bedeutet in der Tat den totalen Bruch mit unseren Vorstellungen und Kenntnissen. Diese Grenze anzuerkennen; zuzugeben, daß dort alle diesseitigen Versuche zu handeln und zu erkennen an ein Ende kommen, solches scheint dem heutigen Menschen sehr schwer zu fallen.

Der Mensch des nachindustriellen Zeitalters, der Macher-Mensch, dem alles möglich schien, dieser Mensch tut sich schwer, zu akzeptieren, daß er irgendwann an ein Ende kommt. Zu akzeptieren, daß auch er jetzt nichts mehr tun kann und nichts mehr zu erklären vermag. Zu akzeptieren, daß ein anderer ihm alle Fäden aus der Hand genommen, so daß alle Technik vergeblich wird und alle Hilfen versagen.

Solches anzunehmen, würde das Eingeständnis der eigenen Ohnmacht bedeuten. Es würde bedeuten zuzugeben, daß wir nicht alles unter Kontrolle haben. Davor aber spüren viele Menschen Angst.

Den radikalen Bruch zwischen Diesseits und Jenseits zu akzeptieren, würde bedeuten anzuerkennen, daß wir nicht alles unter Kontrolle haben.

Angesichts einer solchen Tatsache ziehen es viele Menschen vor zu fliehen. Eine der Möglichkeiten solcher Flucht ist die Annahme, zwischen dem Jenseits und der diesseitigen Welt existierten vibratorische Verbindungsstränge, energetische Interferenzen, Inkorporationen von Geistern und Kontaktpunkte mittels eines sogenannten Astralleibs. Wenn solches nämlich möglich sein sollte, dann wäre der Bruch nicht so radikal. Statt eines Bruches ließe sich von einem „Übergang" sprechen. Damit aber würde auch der Tod viel von seinem Schrecken verlieren.

In der Folge wäre auch das skandalös Endgültige dieses Todes gemildert. Viele der spiritistischen Vorstellungen vom Tod scheinen uns durch solche und ähnliche Fluchtmechanismen motiviert zu sein. Ihre Folge aber bringt mit sich die Abschwächung und Verniedlichung einer nicht aus der Welt zu schaffenden menschlichen Wirklichkeit: des menschlichen Todes und seines skandalösen Einbruchs in unser aller Leben.

Falls das Sterben statt dessen nur als Übergang von einem Leben in eine andere geschichtliche Existenz gesehen wird, dann verliert nicht nur der Tod an sich seine erschreckende Fremdheit. Weit mehr noch wird es dann möglich, auch die Hoffnung auf ein Leben nach diesem Leben aufrechtzuerhalten, ohne deswegen auf Gott zurückgreifen zu müssen. Wenn der Mensch aufgrund eines kosmischen Gesetzes wiedergeboren werden muß, dann wird seine Existenz nach dem Tod garantiert durch ein solches Gesetz. Dann brauche ich nicht mehr an einen Gott zu glauben, der als einziger souverän in meinen Tod eingreift und diesen Tod in neues Leben verwandelt. Der Glaube an die Wiedergeburt ermöglicht die Annahme eines Lebens nach dem Tod ohne Gott.

Das reinkarnationistische Verständnis des Todes macht die Hoffnung auf ein Leben nach dem Tode möglich, ohne deshalb notwendigerweise den Glauben an einen Gott zu fordern, der allein vom Tode auferwecken kann.

8.5 Die Wiedergeburts-Lehre belastet den Menschen mit Schuld aus vorangegangenen Existenzen, über deren Ablauf der jetzt lebende Mensch nicht die geringste Ahnung hat

Wenn ich in einer Versammlung von 100 Menschen frage, welcher der Anwesenden sich an eine eventuelle frühere Existenz erinnere, dann antwortet mit Sicherheit niemand. Das gleiche geschieht in Versammlungen von 200 oder 300 Personen. Die überwiegende Mehrheit aller Menschen weist nicht die Spur einer Erinnerung an ein vorangegangenes anderes Leben auf. Wozu aber, müssen wir fragen, dient denn ein solch hypothetisch postuliertes früheres Leben, wenn die Menschen sich nicht daran erinnern? Wie lassen sich früher begangene Fehler und Irrtümer vermeiden, wenn wir uns ihrer nicht erinnern? Wir werden die gleichen Fehler auch im jetzigen Leben erneut begehen. Auf welche Weise aber geschieht dann die Reinigung meines Karma? Und wie kann ich denn in meinem Leben eine karmische Verantwortung in all ihren Konsequenzen übernehmen, wenn ich nicht einmal weiß, wofür ich sie denn übernehme, wo denn meine Schuld überhaupt liegt?

Ohne Bewußtsein von Schuld gibt es keine Verantwortung, das ist ein ethischer Grundsatz. Genau dieses Bewußtsein aber fehlt. Ist es dann nicht zutiefst ungerecht, einem Menschen die Verantwortung für etwas aufzubürden, von dem er nichts weiß? Und nicht nur die Verantwortung, sondern auch die Folgen. Denn das ist das karmische Gesetz.

Wenn wir an der Würde der Person als eines autonomen und moralisch verantwortlichen Subjekts festhalten wollen, geraten wir in tiefgreifende Widersprüche. Das Gesetz des

Karma verletzt zutiefst, was es zu retten vorgibt: die Gerechtigkeit. Es macht aus dem Menschen ein unpersönliches und abstraktes Element in einer mechanischen Abfolge von Existenzen.

Der Einwand der Ungerechtigkeit läßt sich auch nicht durch den Hinweis auf unbewußt wirksame Einflüsse entkräften. Unbewußte Schuld ist eben unbewußt und kann somit dem jetzt lebenden Subjekt nicht zur Tilgung angelastet werden. Genau dies aber geschieht im karmischen Gesetz.

Aber, sagen die Vertreter des Karma, das Vergessen selbst ist bereits ein positives Faktum. Der Mensch vergißt sein vorhergehendes Leben, um genau durch dieses Vergessen eine Entlastung von negativen Bewußtseinselementen zu erlangen.

Doch auch dieser Versuch einer Rechtfertigung löst das Problem der Gerechtigkeit nicht. Denn der Mensch bleibt verantwortlich auch für das, was er vergaß. Niemand entkommt dem Einfluß des Karma, selbst dann nicht, wenn wir von der Annahme ausgehen, daß Karma verändert werden kann.

Die Aussage, der Mensch müsse Verantwortung für Akte aus einem früheren Leben übernehmen, von denen er nicht die geringste Kenntnis hat, bleibt ein ethischer Widerspruch in sich. Verantwortung übernehmen setzt Bewußtsein voraus. Wenn dieses fehlt, wird die Forderung zur Ungerechtigkeit.

Durch Vertreter des Spiritismus wird das Fehlen von Erinnerungen oft auch auf folgende Weise erklärt: Die Menschen erinnern sich nicht an ihre vorangehenden Existenzen, weil sie ihren Geist noch zu wenig entwickelt haben. Im Gefolge solcher Argumentation wird dann dazu aufgefordert, die sogenannten „Entwicklungs-Sessionen“ zu besuchen. Das erzielte Resultat aber entspricht keineswegs den Erwartungen. Sind die in jenen Sessionen geweckten Erinnerungen wirklich echt? Helfen sie beim Aufbau einer reiferen und entwikkelteren Persönlichkeit? Ist nicht in der Mehrzahl der Fälle das Gegenteil wahr? Statt sich und seinen Lebenshorizont zu öffnen, schließen sich unzählige Absolventen derartiger Entwicklungs-Kurse in sich selbst ein. Ihre ganze Aufmerksamkeit kreist um sie selbst, um ihr eigenes, individuelles Schicksal, um Erfolg oder Mißerfolg ihres persönlichen Reinigungsweges. Die Folge solcher Individualisierung ist eine zunehmende Isolation. Sie werden unfähig, sich von sich selbst zu lösen und einzugehen auf die Freuden und Sorgen ihrer Mitmenschen. Das Geflecht der sich vernetzenden sozialen Strukturen läßt sie kalt. Was interessiert, ist der eigene und individuelle Heilsweg.

Solcher Heilsegoismus aber ist das Gegenteil dessen, was wir Entwicklung der Persönlichkeit nennen. In seiner zugespitzten Form der beständigen Introspektion stabilisiert er die Persönlichkeit, statt sie zu entwickeln.

Auf ihrer Suche nach einem eventuell schon früher gelebten Leben drehen sich viele Menschen in immer engeren Kreisen nur um sich selbst. Damit aber geraten sie in die Gefahr, den lebendigen und spontanen Kontakt mit den Menschen rund um sich herum zu verlieren.
Auf diese Weise aber kommt ihre Persönlichkeit immer mehr aus dem Gleichgewicht. Sie entwickelt sich nicht.

9. Kritik vom psychologisch-soziologischen Standpunkt aus

9.1 Der Spiritismus ersetzt die deterministische Drohung des Karma durch die Bedrohung, jenen Determinismus nicht verändern oder kompensieren zu können

Die Doktrin des Karma impliziert in ihrer ursprünglichen Form eine Gesamtsicht des Kosmos. In ihr wird der Mensch als integrierender Bestandteil des Gesamtuniversums gesehen. Sein individuelles Leben ist eines der konstitutiven Elemente eines gesamten, allumfassenden Lebenszyklus. Von diesem Zyklus erkennen wir klar weder seinen Ursprung noch sein Ziel. Jeder Mensch aber ist in ihn eingebunden. Er bleibt an seine Entscheidungen und Taten gefesselt, und zwar derart, daß er im Grunde nichts anderes ist als das Resultat aller vor dem jetzigen Zeitpunkt gefällten Entscheidungen.

Wo aber, so fragen wir mit Recht, bleibt bei einer solchen Sicht Raum für neue, einmalige und ursprüngliche Entscheidungen? Wenn mein jetziger Zustand das Resultat all meiner schon früher gelebten Leben darstellt, und wenn meine zukünftigen Existenzen von meinen jetzt gefällten Entscheidungen abhängen, wo bin ich dann noch wirklich frei? Wo habe ich noch Raum, aus schicksalhaften Determinismen auszubrechen? Wo ist meine Freiheit, neu zu beginnen, ohne deshalb das ganze Gewicht einer eventuell gescheiterten Vergangenheit mit mir herumschleppen zu müssen? Wo ist die Möglichkeit, meinen Lebensweg radikal neu zu beginnen?

Wenn alles bereits programmiert wurde, wenn es keine Möglichkeit gibt, den fatalen und durch nichts zu bremsenden Lauf des Karma aufzuhalten, dann müssen wir notwendigerweise in einen passiven Fatalismus verfallen. Wir stellen in der Tat fest, daß das karmische Gesetz bis ins 19. Jh. auch in seinen Ursprungsreligionen, dem Buddhismus und Hinduismus, immer eher negativ betrachtet wurde. Diese negative Betrachtungsweise änderte sich erst in neuerer Zeit, nicht zuletzt unter dem Einfluß einer im europäischen Westen aufkommenden positiven und optimistischeren Sicht dessen, was Karma bedeute.

Bereits bei Allan Kardec, dem großen Systematiker des Spiritismus, wird das karmische Gesetz eindeutig unter positiven Vorzeichen gesehen. Es eröffnet einen Weg für die Evolution des Individuums. Der Determinismus des Karma kann überwunden werden durch die Freiheit des Menschen. Der Mensch ist fähig, „sein Karma zu reinigen".

Auch diese positive und evolutionistische Uminterpretation des ursprünglichen Determinismus aber löst das eigentliche Grundproblem nicht. Der Rigorismus einer vergeltenden Schicksalhaftigkeit wird nicht aufgelöst, er wird nur verdeckt. Dies gilt speziell auch für den heutigen Spiritismus und dessen Begriff des *Darma*.

Der Mensch bleibt dem Darma unterworfen. Dies aber bedeutet, daß Schuld nicht vergeben wird und nicht vergeben werden kann. Seine persönliche Schuld muß jeder Mensch alleine beseitigen und beheben. Niemand kann ihm dabei helfen. Jede Schuld muß bezahlt werden bis zum letzten. Wer sich im Verlauf seiner aufeinanderfolgenden Existenzen nicht bemüht, um sein Unterbewußtsein zu reprogrammieren, um sein Karma zu reinigen, der bleibt gefangen in der Situation eines sogenannten irrenden oder umherirrenden Geistes, nicht inkarniert und gefährlich für die Lebenden.

Die Bedrohung eines möglichen Scheiterns, vor der so viele Christen in die Reinkarnationslehre fliehen, bleibt damit nach wie vor bestehen, ja sie wird noch verstärkt, weil das Vermeiden solch bedrohlichen Scheiterns einzig und allein in der Hand des betreffenden Menschen liegt. Niemand kann ihm helfen. Er ist auf sich alleine gestellt. Eine in Liebe vergebende Gnade gibt es nicht.

Im Gegenteil. Das Gesetz des *Darma* hält am Rigorismus einer vergeltenden Schicksalhaftigkeit fest. Ihr ist der Mensch unterworfen. Unter seiner Drohung wird das gesamte Leben zu einem unaufhörlichen Ringen zwischen der deterministischen Macht des Karma und dem Bemühen, jene Macht auszulöschen und zu verändern, indem ihre Determinismen durch positivere Bewußtseinselemente ersetzt werden.

Unter dem Gesichtspunkt des Spiritismus besteht das menschliche Leben aus einem beständigen Kampf zwischen der determinierenden Macht des Karma und dem menschlichen Bemühen, jene Macht zu überwinden.

9.2 Die evolutionistische Sicht des karmischen Gesetzes beinhaltet vom Menschen her eine gewisse geistige Überheblichkeit

Gegen die Tendenz einer eher fatalistischen Interpretation des Karma betont der zeitgenössische Spiritismus mit Nachdruck eine evolutionistische Sicht. Der Mensch ist fähig, sein Karma zu reprogrammieren. Der Mensch kann sich aus eigenen Kräften entwickeln. Der Mensch hat die Macht, sich selbst und sein Karma zu reinigen. Er tut dies kraft seiner eigenen Anstrengung und seiner eigenen Verdienste bei der Reinigung des persönlichen Karma. Er selbst und niemand anderes ist es, der sich schließlich aus dem Zyklus der Wiedergeburten erlöst. Dies aber bedeutet letzten Endes, daß er selbst aus eigenem Vermögen imstande ist, sein ewiges Heil zu erwirken. Er braucht dazu keinen Gott.

Das menschliche Wollen selbst wird zu einer Macht, die ihn letztlich erlöst. Der Mensch selbst erwirkt sich durch eigenes Bemühen den vollen Reichtum seiner Existenz. Auf diesem Entwicklungsweg hängt er von niemandem ab. Er wird sein eigener Gott, sein eigener Erlöser.

Die spiritistische Evolutions-Doktrin spiegelt auf diese Weise sehr deutlich die Grundhaltung des westlichen „homo faber“ wider. Die Haltung jenes Menschen, der sich selbst zur autonomen letzten Instanz erklärte. Jenes Menschen, der davon überzeugt ist, alles unter Kontrolle zu haben.

Solcher Stolz aber erwies sich im Verlauf der Geschichte

immer wieder als Irrtum. Wer ihm jedoch verfiel, der gerät jedesmal von neuem auch in die Gefahr einer völligen Verabsolutierung des eigenen Standpunktes. Die Folge davon sind Intoleranz und doktrinärer Absolutismus. An Zeugnissen dafür fehlt es uns nicht.

Bei einer solchen Grundhaltung besteht die eminente Gefahr, die eigentliche Grundsituation des Menschen zu vergessen oder zu negieren: Die Tatsache nämlich, daß Menschsein immer auch das Scheitern umfaßt, das Nicht-Gelingen und das vergebliche Bemühen. Es ist der Versuch zu vergessen oder zu negieren, daß der Mensch auch schwach sein kann, daß er versagen kann, daß er schuldig werden kann und nicht dazu fähig ist, sich aus eigener Kraft aus jener Schuld zu befreien. Ist dies letztlich nicht Stolz oder reine Überheblichkeit? Der Stolz des Menschen, der glaubt, Gott nicht mehr nötig zu haben? Oder die Überheblichkeit dessen, der Gott auf die Ebene eines Handlangers degradiert, eines Gehilfen, der bei der schwierigen Aufgabe helfen darf, das menschliche Karma neu zu programmieren, während das zentrale Subjekt des Handelns der Mensch bleibt? Er reinigt sein Karma, er reprogrammiert sein Unterbewußtsein, er erlöst sich selbst.

Bei einer solchen Grundhaltung ist der Mensch beständig von einer doppelten Gefahr bedroht. Einerseits von der Selbstüberschätzung des Stolzes, so wie sie oben beschrieben wurde. Andererseits aber steht er auch immer unter dem Druck einer übermächtigen Verpflichtung. Die Notwendigkeit, sein Karma zu reinigen, zwingt ihn zu ständiger Konzentration auf sich selbst. Wer sich aber nur auf sich selbst und seine eigene Heiligung konzentriert, der verliert die Fähigkeit, Dinge unbeschwert um ihrer selbst willen zu tun, aus reiner Freude, ohne sich zu fragen, ob sie für ihn selbst Verdienste bringen.

Die Folge davon bleibt immer gleich: Entweder lebt der Mensch in dem sicheren Bewußtsein, die Entwicklung seiner Persönlichkeit und damit die Reinigung seines Karma unter Kontrolle zu haben, dann gerät er in die Gefahr des Stolzes. Oder aber er erlebt sein Versagen, sein Nicht-Gelingen und die Vergeblichkeit seiner Versuche. Damit aber Wachsen die

Bedrohung und die Angst. Es ist nicht zu leugnen, daß die hier beschriebene Mentalität sich mehr oder weniger offen bereits in der religiösen Grundausrichtung vieler Christen findet. Wenn deren erste Sorge darin besteht, „Verdienste zu erwerben“, um damit „ihre Seele zu retten“, dann ist eine Religiosität nicht weit entfernt von der Haltung der oben beschriebenen Anhänger des Wiedergeburts-Gedankens. Um so einfacher wird es für viele Christen, von ihrem Glauben zur reinkarnationistischen Überzeugung des Spiritismus überzuwechseln.

9.3 Die Wiedergeburts-Lehre ignoriert die heutigen Kenntnisse über soziale und psychische Korrelationen innerhalb eines vernetzten Gesellschaftssystems

Die Doktrin des Karma versucht, den geschichtlichen, sozialen und psychischen Zustand eines Menschen durch Rückgriff auf ein postuliertes früheres Leben zu erklären. Dieses vor dem jetzigen Leben gelebte Leben, so heißt es, würde die Lebenssituation des Menschen in seiner hier und jetzt gelebten Existenz erklären.

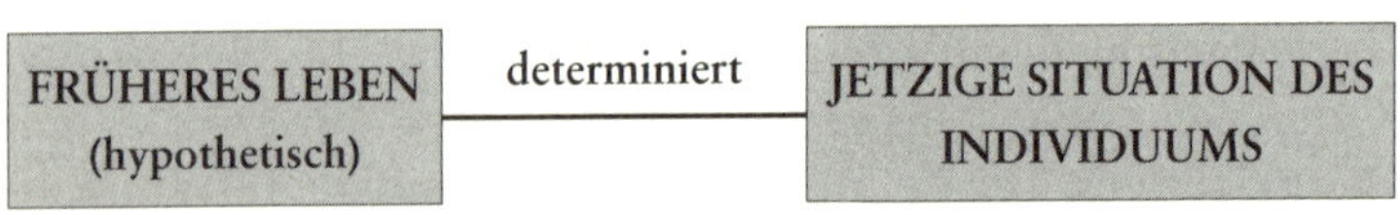

Ein derartiges Modell zur Erklärung der Lebenssituation eines Menschen ist für eine vorwissenschaftliche Epoche absolut verständlich. In ihr waren die komplexen sozialen, geschichtlichen und psychischen Wechselbeziehungen noch nicht bekannt, denen der Mensch unterworfen ist. Daher nahm man Zuflucht zur Vorstellung eines früher gelebten Lebens, welches seinerseits die jetzige Lebenssituation erklären konnte. Das Modell schien logisch, es entsprach zudem einem bestimmten philosophisch-religiösen Weltbild, das durch einen starken Dualismus gekennzeichnet war.

Die Frage aber, die sich heute stellt, ist diese: Läßt sich das vorwissenschaftliche Erklärungsmodell heute noch vertreten, angesichts all dessen, was wir über die komplexen Wechselbeziehungen soziologischer, psychischer und genetischer Art wissen, denen der Mensch unterworfen ist? Wir sehen diesen Menschen heute immer weniger als isoliertes Individuum. Er lebt vielmehr innerhalb eines vernetzten Systems von Einflüssen und Korrelationen. Jeder menschliche Akt beeinflußt andere Menschen und über die Menschen auch die von ihnen geschaffenen Strukturen. Wir kennen die Zusammenhänge zwischen Ökosystem und Gesundheit.

Die Psychologie nennt für jedes Individuum eine Reihe von Bezugspersonen, die ganz spezifische Einflüsse ausüben. Frühkindliche Erfahrungen prägen bestimmte Persönlichkeitsmerkmale und wirken bestimmend auf die Formung des Unbewußten. Das Unterbewußtsein seinerseits beeinflußt später so und so viele bewußte Akte.

Über all dies hinaus müssen wir den sozialen, den wirtschaftlichen, religiösen, geschichtlichen und kulturelle Kontext mitberücksichtigen. In ihm lebt der Mensch. Durch ihn wird er geprägt, beeinflußt und geformt. Wir wissen, daß daraus entscheidende Impulse zu Werthaltung, Entscheidungen und Taten des Individuums hervorgehen. Ein spezifischer Mensch ist nicht zuletzt so, wie er ist, weil er in einer klar definierten Umwelt aufwuchs und lebte; einer Umwelt, die ihn beeinflußte und die wiederum durch ihn beeinflußt wurde.

Zu alledem kommt noch das gesamte biologische Erbe hinzu. Die zeitgenössische Gentechnik entdeckt immer mehr, daß sich der Einfluß des genetischen Codes weit über den rein biologischen Rahmen hinaus erstreckt. Die Gene übermitteln nicht nur biologische Informationen. Sie enthalten auch psychische Merkmale und Erinnerungen. Hier öffnet sich vielleicht in der Zukunft ein Weg, um auf biologischer Ebene das zu erklären, was so oft als Erinnerung an frühere Existenzen des betreffenden Individuums gedeutet wird. Genetisch gespeicherte und übermittelte Erfahrungen meiner Vorfahren – wer hätte solches vor 150 Jahren für möglich gehalten? Heute wird es diskutiert. Der Rückgriff auf die Hypothese, es handle sich bei jenen Erinnerungen um Reminiszenzen aus früheren Existenzen des Individuums selbst, wird durch neue Perspektiven abgelöst. All dies und vieles andere mehr haben wir vor 100 Jahren nicht gewußt. Die Hypothese einer Wiedergeburt erschien plausibel. Heute ist sie überholt.

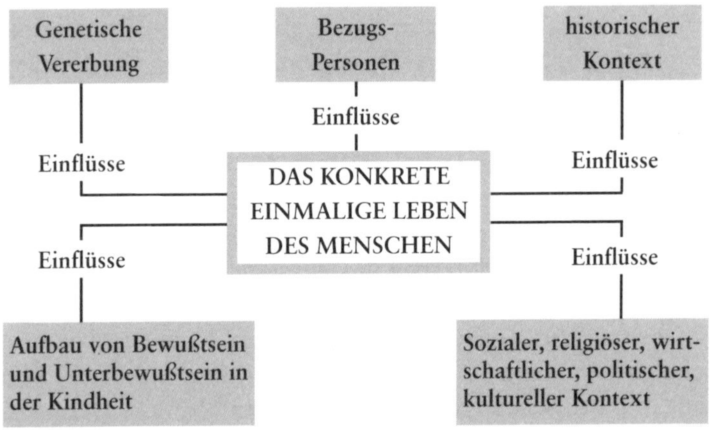

Innerhalb eines vernetzten Sozialsystems unterliegt der einzelne Mensch einer immer komplexeren Fülle von Einflüssen. Sie bringen empirisch beweisbare Wirkungen hervor, die sich im konkreten Leben des Individuums nachweisen lassen. Sie sind wissenschaftlich beschrieben, ihr Einfluß basiert nicht auf hypothetischen Annahmen, sondern auf meßbaren Fakten. Von ihnen her werden weite Bereiche des individuellen Schicksals einsichtig und begreifbar.

Wenn sich auf dieser Basis die spezifische Lebenssituation des einzelnen Menschen erklären und verstehen läßt, warum sollen wir dann auf eine nicht bewiesene Hypothese zurückgreifen? Warum um alles in der Welt soll ich mein Lebensschicksal als Konsequenz eines nie bewiesenen früher gelebten Lebens verstehen, wenn ich es ohne Mühe als Konsequenz empirisch beweisbarer Fakten verstehen kann?

Um die aktuelle Lebenssituation zu begreifen, braucht es

keine vorangegangene Existenz. Es genügt, wenn wir die Kenntnisse der Anthropologie, der Psychologie, der Soziologie und der Biologie berücksichtigen. Es genügt, sich auf Fakten zu stützen. Warum also zurückgreifen auf die unwahrscheinliche Hypothese eines karmischen Determinationsmechanismus?

Die Sozialwissenschaften, Biologie und Psychologie erklären die konkrete Lebenssituation eines Menschen objektiv und logisch. Es gibt keinen Grund, dafür auf die Hypothese eines früher schon gelebten Lebens und dessen ins heute wirkender karmischer Determination zurückzugreifen.

Angesichts solch logischer Argumentation wird oft der Einwand erhoben: „Aber die Tatsächlichkeit früherer Existenzen des gleichen Menschen wurde wissenschaftlich bewiesen!“ Als Beispiel werden in jüngster Zeit immer mehr die unter Hypnose zutage geförderten Erinnerungen an frühere Leben genannt. Im weiteren nimmt man Bezug auf die Untersuchungen von Forschern wie zum Beispiel Stevenson, der durch ausgedehnte Reihenuntersuchungen in 200 von 1600 untersuchten Fällen Körpermerkmale entdeckte, welche sich leicht als Folge einer Wiedergeburt erklären lassen.[12]

Kinder wurden mit den gleichen Körpermerkmalen geboren, wie sie eine eben verstorbene Person aufwies. Daraus wird gefolgert, daß das Kind die Wiedergeburt jener Person sei. Die Erklärung erscheint so einleuchtend, und gerade deshalb ist sie vermutlich falsch. Es gibt andere Ursachen, um das Phänomen zu erklären. Wir kennen in der Parapsychologie die sogenannte „Dermographie“, untersucht und erforscht in tausenden von Experimenten. Um sie zu begreifen, ist es nicht nötig, eine Wiedergeburt anzunehmen. Es gibt wissenschaftliche Erklärungen, die mehr überzeugen.

[12] Ian Stevenson, Cases of the Reincarnation Type, Charlottesville, University Press of Virginia, vol I: Ten Cases in India (1975), vol. II: Ten Cases in Sri Lanka (1977), vol. I: Twelve Cases in Lebanon and Turkey (1980), vol. IV: Twelve Cases in Thailand and Burma (1983).

Wir haben bereits darauf hingewiesen, daß die neuesten Entdeckungen der Genetik Wege weisen, die ihrerseits eine Wiedergeburts-Hypothese überflüssig machen.

Die Hypnose-Therapien zur Entdeckung vergangener Leben werden von Fachleuten aus Psychologie und Anthropologie äußerst kritisch beurteilt. Im folgenden Kapitel werden wir dazu weitere Argumente vorlegen. Sie alle gehen in die gleiche Richtung: Die sogenannten wissenschaftlichen Beweise einer Wiedergeburt, halten den wissenschaftlichen Argumenten nicht stand.

10. Kritik vom wissenschaftlich-empirischen Standpunkt aus

10.1 Die Behauptung, die Wiedergeburt könne wissenschaftlich bewiesen werden, ist falsch!

Jede Überzeugung benötigt ein Fundament, auf das sie sich stützen kann. Dies gilt sowohl für die Anhänger der Wiedergeburts-Lehre, als auch für die Christen, die ihren Glauben auf die Annahme gründen, daß Gott sie vom Tode auferwecke. Wo aber, so müssen wir fragen, liegt die Basis der beiden Glaubensüberzeugungen? Worauf stützen sie sich?

Beide weisen Argumente vor: Für die Christen gibt es theologische und logische Argumente. Wir werden noch darauf eingehen. Der letzte Grund ihrer Hoffnung auf Auferwekkung aber liegt in der Auferstehung Jesu. Gott hat Jesus auferweckt vom Tod, und da er dies getan hat, wird er auch uns vom Tode erwecken. Dies ist die Argumentation des Paulus, und an ihr hat sich bis heute nichts geändert. Was für eine Basis ist dies? So müssen wir fragen. Wo bleibt der wissenschaftliche Beweis dessen, was hier behauptet wird?

Hier stoßen wir doch genau auf das, was am Beginn dieses Buches dargelegt wurde: eine Glaubensüberzeugung. Wer kann heute, 2000 Jahre nach dem Geschehen, noch einen Beweis für jenes Geschehen vorlegen? So wird gefragt, und vor dieser Frage erröten alle Anhänger des Auferstehungsglaubens. Zu Unrecht, wie sich noch zeigen wird, denn es gibt ein gutes Argument. Wir werden es am Beginn des dritten Teils dieses Buches darlegen. Die meisten Christen aber kennen ihn nicht, und damit sind die Anhänger des Auferstehungsglaubens von vornherein im Nachteil gegenüber jenen, die für eine Wiedergeburt optieren. Wie läßt sich ein 2000 Jahre zurückliegendes Ereignis beweisen?

Die Vertreter des Wiedergeburts-Glaubens haben es leichter. Sie legen Beweise von jetzt erfolgten Wiedergeburten vor, und die Menschen sind beeindruckt. Sie bringen Beispiele von

Personen, die sich an ihre früheren Existenzen erinnern. Sie zeigen, daß deren Erinnerungen durch geschichtliche Fakten bestätigt werden. Sie zeigen Phänomene vor, die wir unter dem Namen „déjà vu“ kennen, oder sie nennen Fälle von Menschen mit außergewöhnlichen Fähigkeiten. Sie zeigen auf, wie sich die Existenz genialer Menschen mit übermenschlichen Eigenschaften leicht erklären läßt auf der Basis der karmischen Evolutionstheorie. Und schließlich nennen sie Fälle von Telergie, von Pantomnese, von Xenoglossie und selbst von der Wiedergeburt.

Und da stehen dann die gläubigen Anhänger des Auferstehungsglaubens und schlucken schwer. Solche Beweise haben sie nicht. Eine derart beeindruckende Liste von Phänomenen, die sich nicht aus unserer alltäglichen Erfahrung herleiten lassen, steht ihnen nicht zur Verfügung. Daraus ergibt sich die große Versuchung zu folgern, daß die genannten Phänomene in der Tat Beweise seien für die Wiedergeburt. Manche Christen denken so.

Sie selber stehen mit leeren Händen da, und darum lassen sie sich überzeugen. Manche lassen sich überzeugen. Aber – sind es wirklich Beweise?

Daß die Phänomene existieren, steht außer Zweifel. Aber, so müssen wir wiederum fragen, beweisen jene Phänomene wirklich eine Wiedergeburt? Ist sie die einzige mögliche Erklärung, oder gibt es nicht vielleicht auch noch andere Ursachen für das gleiche Phänomen? Ursachen, die dieses Phänomen mindestens mit der gleichen Plausibilität erklären wie die Hypothese von der Wiedergeburt?

Für die Anhänger der Wiedergeburts-Lehre ist die Antwort klar. Es braucht keine andere Erklärung mehr. Aber ist dies wirklich wahr? Ist es nicht so, daß in vielen Fällen bereits von vornherein das angenommen wird, was man eigentlich suchen müßte? Wenn jedes „déjà-vu“-Erlebnis, jede Erinnerung an Erlebnisse vor meiner Lebenszeit und jedes mediale Phänomen sofort dazu benutzt wird, um damit das zu beweisen, woran man schon vorher glaubt, fallen wir dann nicht in eine ideologische Verengung? Das Unerklärliche wird durch jene

Ursachen erklärt, von denen man gerne möchte, daß sie die Ursachen seien.

Oder man behauptet von vornherein, es könnten nur dies die Ursachen sein, weil man andere Möglichkeiten gar nicht kennt. Zur Zeit Jesus waren die wirklichen Ursachen der Epilepsie nicht bekannt. Das Phänomen wurde daher erklärt als Folge der Besessenheit durch einen Geist. „Ein böser Geist hat sich in ihm inkarniert!" Die durch Jesus erfolgte Heilung wurde notwendigerweise als Austreibung jenes Geistes interpretiert.

Die Psychiatrie weiß heute, daß Epilepsie nicht durch das Wirken eines hypothetischen bösen Geistes ausgelöst wird, sondern durch eine Disfunktion des bio-elektrischen Gleichgewichts im Gehirn. Wird jenes Gleichgewicht wiederhergestellt, verschwindet die Epilepsie. Niemand käme heute auf den Gedanken, der behandelnde Arzt hätte heute eine Geisteraustreibung vollzogen.

In gleicher Weise aber, wie man zur Zeit Jesu die wirklichen Ursachen der Epilepsie nicht kannte; genauso, wie bis ins 19. Jahrhundert die Ursachen für die psychosomatischen Symptome der Hysterie unbekannt waren, so kennen wir heute noch nicht die wirklichen Ursachen vieler paranormaler Phänomene. Für ihre Erklärung deshalb auf das Wirken eines reinkarnierten Geistes zurückgreifen, würde bedeuten, sich auf das gleiche wissenschaftliche Niveau zu begeben wie zur Zeit Jesu. Es würde bedeuten, unbekannte Phänomene so zu erklären, wie das Mittelalter die Hysterie erklärte: durch das Wirken hypothetisch vorausgesetzter Geister.

Statt auf einem derartigen Niveau magischer Erklärungen zu verharren, halten wir es für sinnvoller zuzugeben, daß wir in der Tat die Ursachen vieler Phänomene noch nicht kennen. Dies aber bedeutet nicht, daß wir deswegen unbedingt zur Wiedergeburt Zuflucht nehmen müssen. Es gibt andere Möglichkeiten der Erklärung.

Die Parapsychologie kennt psychische Mechanismen und paranormale Prozesse, durch welche viele unerklärliche Phänomene einsichtig werden. Die Mikrobiologie und die Genforschung sind dabei, genetische Wege der Informationsübermittlung zu entdecken. In ihrem Licht könnten selbst heute noch unerklärliche Phänomene von sogenannten Erinnerungen an frühere Existenzen ganz neue Erklärungen finden. In der Verhaltenspsychologie sind Interferenz-Prozesse und Übertragungen auf dem Wege intuitiver Suggestion bekannt. Dies ermöglicht ein neues Verständnis vieler medialer Praktiken, ohne auf die Annahme von Besessenheit oder Inkarnation zurückgreifen zu müssen.

In praktisch allen Fällen, die im allgemeinen als Beweis für Wiedergeburt angeführt werden, ist diese Erklärung nicht die einzig mögliche. Es gibt auch andere mögliche Ursachen der gleichen Phänomene. Warum also von vornherein nur die eine Möglichkeit ins Auge fassen?

Es besteht dazu kein Grund, abgesehen davon, daß eine solche Tendenz den Grundprinzipien der Wissenschaftlichkeit widerspricht. Wenn ungeachtet aller anderen Alternativen die Ursache eines Phänomens sofort dort situiert wird, wo man sie gerne situieren möchte, dann stehen wir vor dem, was man einen „Zirkelschluß" nennt. Die untersuchten Phänomene werden als Beweis für die Wiedergeburt vorgestellt, aber sie werden als Beweis dar gestellt, weil man von vornherein schon an Wiedergeburt glaubt. Der Beweis wird so zum Beweis, weil schon vor dem Beweis daran geglaubt wird, daß der Beweis das beweise, was bewiesen werden soll.

Eine solche Haltung ist nicht wissenschaftlich. Wir kennen sie aus dem Bereich der ideologischen Argumentation. Wissenschaft aber ist keine Ideologie.

Wir kommen somit am Ende unserer Überlegungen zu einem sehr klar formulierbaren Schluß: Die als wissenschaftlich dargestellten Beweise für Wiedergeburt sind in Wirklichkeit keine wissenschaftlichen Beweise im strengen Sinn des Wortes. Sie können vielleicht Argumente sein, vielleicht auch Hinweise, aber Beweise sind es nicht. Argumente können und müssen beachtet werden, aber sie sind keineswegs zwingend. Wenn dem aber so ist, dann bin ich frei, auch andere Argumente zu hören; andere Erklärungen und andere Alternativen zum Verständnis der gleichen Phänomene. Eine dieser Alternativen könnte sehr wohl die Annahme einer Auferweckung der Toten sein.

Wenn die zugunsten der Wiedergeburt angeführten Beweise in Wirklichkeit keine Beweise sind, sondern vielmehr ideologische Argumente, dann bin ich frei, auch andere Alternativen zu betrachten.
Eine dieser Alternativen könnte sehr wohl die Auferstehung der Toten nach einem einmaligen Leben sein.

Auch die Anhänger der Auferstehung nach einem einmaligen Leben stützen ihre Argumente letztlich auf einen Glauben. Sie scheinen in einer schlechteren Lage zu sein als ihre Brüder und Schwestern, die an Wiedergeburt glauben. Denn die Basis ihres Glaubens liegt 2000 Jahre zurück. Die zeitgenössischen Argumente zur Reinkarnation scheinen erdrückend, sie sind aktuell, zeitgenössische Fakten, in wissenschaftlicher Sprache formuliert.

Was läßt sich ihnen entgegenhalten, außer dem Glauben, daß das, was damals geschehen sein soll, eben wahr sei? Lang ist es her, und die Resignation ist groß. Zu Unrecht, wie gleich gesagt werden muß. Denn die Anhänger jener Auferstehung haben ein Argument zur Hand, das weit durchschlagender ist als alle wissenschaftlich scheinenden Argumente zur Wiedergeburt. Die meisten wissen es nicht, und doch läßt sich die Tatsache der Auferstehung weit besser plausibel machen als jede Reinkarnation. Es handelt sich um einen „soziologischen Beweis", der nicht zu widerlegen ist. Die Tatsache nämlich, daß der Glaube an den gekreuzigten Jesus weiterging bis heute, *obwohl* er gekreuzigt wurde.

Um diesen soziologischen „Beweis" verstehen zu können, müssen wir zuerst all das wegräumen, was sich in 2000 Jahren christlichen Glaubens als Ehrerweisung, Wertschätzung und Verehrung um das Kreuz angesammelt hat. Wir müssen zurückgehen zu dem, was „gekreuzigt werden" zur Zeit Jesu bedeutete: Damals war es keine Ehre, am Kreuz zu hängen.

Gekreuzigt sein bedeutete einen nicht zu überbietenden Skandal, bedeutete gescheitert sein in allen Dimensionen des Daseins. Gekreuzigt sein hieß ausgelöscht werden aus dem Gedächtnis der Menschen und dem Gedächtnis Gottes. Ausgelöscht für immer, ausgetilgt aus den Analen der Geschichte, ausradiert aus den Registern der Religionsgemeinschaft. Einer, der gekreuzigt wurde, war erledigt, gescheitert auf allen Ebenen, ein Nichtmensch, sozial, politisch, historisch und auch theologisch. Dies aber war die Situation Jesu am Kreuz.

Wenn wir unsere Überlegungen an diesem Ausgangspunkt des christlichen Glaubens beginnen, dann entdecken wir hier ein Argument, das in seiner durchschlagenden Kraft alle noch so wissenschaftlich scheinenden Schlußfolgerungen zur Reinkarnation als wesenlos erscheinen läßt. Mit diesem Argument werden wir sehr bald die Überlegungen zum dritten Teil des vorliegenden Buches eröffnen. Es ist jener Teil, der die Auferstehung der Toten als Alternative darstellen will. Als Alternative, die auch von all jenen in Betracht gezogen werden kann, welche bis jetzt für Wiedergeburt optierten.

11. Kritik vom Standpunkt der Logik aus

11.1 Das Resultat einer seit abertausenden von Jahren laufenden progressiven Evolution der Menschen, die von Wiedergeburt zu Wiedergeburt ihr Karma reinigten, tritt in der Weltgeschichte nicht in Erscheinung

Wenn im zeitgenössischen Spiritismus von *Karma* die Rede ist, steht immer ein individualistischer Gesichtspunkt im Vordergrund. Der individuelle Mensch reinigt sein Karma, der individuelle Mensch entwickelt sich hin zu einer höheren Seinsstufe.

Ausgehend aber von der Tatsache, daß menschliche Gesellschaft ein vernetztes System bildet, so wie wir es in einem der vorgehenden Kapitel darlegten, dürfen wir nicht nur das Individuum betrachten. Wir müssen unserem Verstehenshorizont auf eine soziale Ebene erweitern. Die einzelnen Menschen leben nicht auf isolierten Inseln, nein sie bauen durch ihr Handeln und durch ihre Entscheidungen ein ineinander verknüpftes Sozialsystem auf, ein „vernetztes System". Innerhalb dieses Systems bilden sich immer weitere und umfassendere gegenseitige Abhängigkeiten auf allen Ebenen aus. Dennoch aber bleibt die Grundlage des Systems der einzelne Mensch. Und diese Einzel-Individuen, so sagt der Spiritismus, stehen jedes in einem fortlaufenden evolutiven Prozeß. In seinem Verlauf reinigen sie ihr Karma, das heißt sie ersetzen schlechte Inhalte des Unbewußten durch gute.

Wenn dies wahr ist, wenn dies wirklich den Tatsachen entsprechen sollte, dann müssen wir auch hier die Mechanismen des vernetzten Systems anwenden. Dies aber heißt, daß nicht nur die Individuen besser werden müßten, sondern auch das durch diese Individuen gebildete System. Auch das Sozialsystem als Ganzes wäre in einem konstanten Prozeß der Evolution begriffen.

Der Spiritismus legt dar, daß der evolutive Prozeß der

Individuen sich seit abertausenden von Jahren in Richtung auf mehr Humanismus, mehr Mitmenschlichkeit und mehr Verständnis bewegt. Logischerweise müßte dann auch die Entwicklungsrichtung des vernetzten Sozialsystems diese Tendenz aufweisen. Wenn wir indessen die Situation rund um uns betrachten, dann stellen wir genau dies nicht fest. Wenn die Hypothese des Spiritismus richtig wäre, müßten wir dann nach dem seit tausenden und tausenden von Jahren laufenden Entwicklungsprozeß nicht deutliche Resultate dieses Prozesses sehen? Müßte die Welt nicht menschlicher sein und mehr auf die Betonung der karitativen Werte ausgerichtet? Der Erfolg dieser ungeheuer langen Entwicklung müßte sich doch irgendwo zeigen!

Falls der vom Spiritismus postulierte Prozeß der Reinigung des Karma irgendeinen Sinn haben soll, dann müßten die Resultate dieses Prozesses nach so langer Zeit der Menschheitsentwicklung deutlich in der Welt sichtbar werden.
Genau dies aber ist nicht der Fall!

Wenn wir die Welt betrachten, dann sehen wir in der Tat sehr wenig von all jener postulierten Entwicklung hin zu mehr Humanität. Dabei aber müßte diese Evolution doch eigentlich seit Beginn der Menschheitsgeschichte im Gange sein. Wo sind ihre Resultate?

Sie erscheinen nicht auf struktureller Ebene, wie sie es nach allem, was wir von Soziologie und Psychologie wissen, eigentlich tun müßten. Und sie sind ebensowenig überzeugend sichtbar bei den einzelnen Individuen. Wenn das Resultat von so ungeheuer vielen aufeinanderfolgenden Wiedergeburten des Individuums wirklich ein Mensch ist, der sich der vollkommenen Gestalt des Menschsein nähert, wo sind solche Individuen? Wo treffen wir Menschen an, die sich sozusagen am Ende ihres reinkarnationistischen Zyklus befinden? Sie müßten sichtbar sein, denn es muß doch Fälle geben, die bereits hunderte oder tausende von Wiedergeburten erlebten. Sie müßten sichtbar sein, ideale Menschen in großer Zahl, deren karmische Evolution vor dem Ende steht, deren Karma weitestgehend gereinigt ist. Wo sind sie? Wenn alle Menschen seit Beginn des Menschengeschlechts sich in aufeinanderfolgenden Existenzen vervollkommnen, dann müßten doch Massen von sozusagen vollkommenen Menschen die Erde bevölkern. Wo sind sie?

Wenn es aber so sein sollte, daß in der Tat wenige solcher bereits entwickelter Menschen existieren, dann heißt dies wohl, daß der evolutive Prozeß der meisten Individuen bis jetzt gescheitert ist. Oder daß er so langsam verläuft, daß ein eigentlicher Fortschritt nicht feststellbar ist. Wenn dem aber so ist, dann erscheint die vom Spiritismus aufgezeigte Perspektive alles andere als ermutigend.

Wenn die meisten Menschen in ihrem Bemühen um Reinigung des Karma bis jetzt scheiterten, so daß wir in der Tat wenigen Menschen begegnen, die das verlangte Entwicklungsniveau beinahe schon erreichten, dann ist die durch die Wiedergeburts-Lehre gezeigte Weltsicht eine traurige Sicht. Es fehlt ihr die sieghafte Hoffnung.

Oder aber es handelt sich um eine elitäre Doktrin, deren versprochenes Ziel nur durch eine kleine Gruppe spezieller Persönlichkeiten erreicht werden kann. Beide Aussichten beglücken mich nicht.

Wenn die Menschen sich seit Generationen durch immer neue Wiedergeburten vervollkommnen, wo sind die Resultate dieser jahrtausendelangen Bemühungen?
Wenn diese Resultate nicht sichtbar werden, weil bis jetzt nur wenige Menschen das geforderte Entwicklungsniveau erreichten, dann ist die Lehre von der Wiedergeburt wahrlich eine Lehre ohne Hoffnung.

Es ist wichtig, die hier gestellten Fragen in ihrer ganzen Dringlichkeit zu begreifen, um die Problematik einer Lehre verstehen zu können, die sehr stark auf emotionalen Beweggründen beruht. Emotionen werden im allgemeinen nicht durch rationale Argumente verändert. Dies ist der Grund, weshalb wir immer wieder betonen, unsere Absicht sei es nicht, den Spiritismus und seine Überzeugung von der Wiedergeburt mit rationalen Schlüssen zu widerlegen. Rationale Schlußfolgerungen bewirken keine Änderung emotionaler Haltungen. Emotionen sind nicht rationell. Emotionen aber können enttäuscht werden. Die in diesem Kapitel formulierte Problematik enthält eine dieser Enttäuschungen. Es ist die Enttäuschung angesichts der Zukunftsperspektive, welche die Wiedergeburts-Doktrin zu bieten hat.

Bei nüchterner Betrachtung zeigt sich, daß sie keineswegs jene Sicherheit bietet, die so viel Christen in ihr zu finden hoffen. Sie erweist sich vielmehr als außerordentlich pessimistisch, sehr verschieden von dem, was die Menschen an ihr suchen. Die Lehre von der Entwicklung durch fortlaufende neue Wiedergeburten zeigt einen Weg der Selbsterlösung auf, aber sie zeigt die Resultate dieser Selbsterlösung nicht. Statt dessen läßt sie den Menschen allein mit sich selbst vor einer angesichts der Fakten eher pessimistischen Zukunftsperspektive. In diesem Sinne ist sie das genaue Gegenteil der christlichen Hoffnung. Deren Basis ist nicht der Mensch und seine Fähigkeit zur Selbsterlösung. Deren Basis ist die Liebe Gottes, der es gut mit den Menschen meint. Die Liebe eines Gottes, der verzeiht, die Liebe eines Gottes, der die Toten nach ihrem einmal gelebten Leben vom Tode erweckt, nicht weil die Menschen solches verdienen, sondern weil er ein guter Gott ist.

11.2 Die Lehre von Karma und Wiedergeburt erklärt den Ursprung dessen nicht, was sie zu erklären vorgibt: des Bösen

Die Wiedergeburts-Lehre befriedigt nicht in ihren Antworten auf die Frage nach dem gegenwärtigen und dem zukünftigen Schicksal des Menschen. Dies haben wir in den vorhergehenden Kapiteln gesehen. Weit weniger noch gibt sie eine zufriedenstellende Antwort auf jene Frage, die sie eigentlich zu erklären vorgibt: Wo liegt die Ursache des Bösen in der Welt?

Ihrer Konzeption zufolge ist das hier und jetzt vorhandene Böse die Folge böser Akte in der Vergangenheit. Aber warum beging jemand Böses in der Vergangenheit? Wo liegt die Ursache des ersten Bösen, des ersten Übels, das daraufhin die Kausalkette des Übels erst in Gang setzte, so wie die karmische Wiedergeburts-Lehre es versteht?

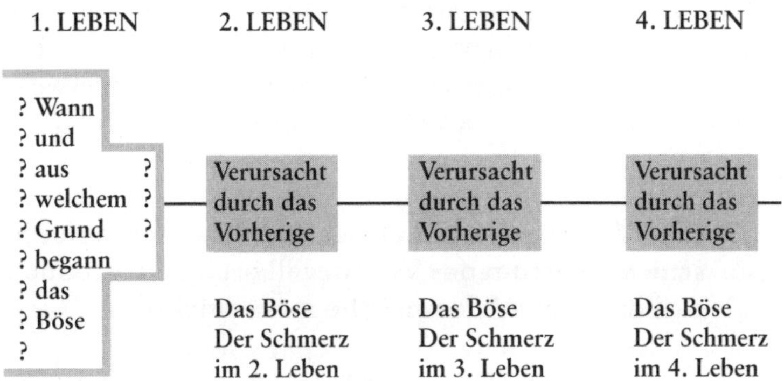

Das Böse in der Welt, das Übel und der Schmerz, sie müssen eine Ursache haben. Die Doktrin des Karma definiert als diese Ursache das Übel und die Schlechtigkeiten, die in einem früheren Leben begangen wurden. Wie aber, so müssen wir fragen, kam das Übel in jenes frühere Leben? Offensichtlich durch das begangene Schlechte in einer noch vorher liegenden Existenz. Wie kam Böses aber in jene Existenz? Irgendwo in der Abfo lge menschlicher Leben muß es doch wohl ein erstes Leben gegeben haben. Wenn im zweiten bereits Schmerz und Übel vorhanden waren, dann ist offensichtlich in jenem ersten Leben schon Böses geschehen, das dann zur Ursache des Bösen im zweiten Leben wurde. Wie aber kam das Böse in jenes erste Leben? Dort gibt es ja kein vorhergehendes Leben mehr, das aufgrund karmischer Gesetzmäßigkeit zur Ursache des Bösen werden kann. Wie kam das Böse also in jenes erste Leben? Denn es muß doch schon in ihm geschehen sein, sonst hätte es ja auch im zweiten Leben das Böse nicht gegeben und gäbe es folglich bis heute nicht.

Was ist die erste Ursache des Bösen? Am Anfang war nur Gott. Ist Gott die Ursache des Bösen? Wir stoßen hier wiederum auf jene Problematik, welche die Doktrin des Karma zu lösen vorgibt, ohne sie zu lösen: die Verantwortung Gottes.

Die karmische Wiedergeburts-Lehre verspricht, das oft so unverständliche Schicksal der Menschen zu erklären, ohne dazu auf Gott und dessen Verantwortlichkeit zurückgreifen zu müssen. Genau dies aber gelingt ihr nicht. Sie verwickelt sich in einen logischen Widerspruch. Das Versprechen, dessentwegen viele Menschen sich der Lehre zuwandten, erweist sich als ein nicht erfülltes Versprechen.

11.3 Die Wiedergeburts-Lehre erklärt das demographische Wachstum der Weltbevölkerung nicht, ohne sich dabei in Widersprüche zu verwickeln

Das hier als letztes aufgeworfene Problem ist im Grunde eine einfache Rechenaufgabe. Gesetzt, wir nehmen an, die heute lebenden Personen sind Seelen, die schon ein- oder mehrere Male in einem Leib lebten und die sich nun wiederum für ihre jetzige Existenz inkarnierten. Wie läßt sich in diesem Fall das demographische Wachstum erklären?

Wenn wir vor zwanzig Jahren fünf Milliarden Menschen auf dieser Erde zählten, heute aber sechs Milliarden, dann heißt dies, daß wir heute eine Milliarde inkarnierter Seelen mehr haben als vor zwanzig Jahren. Woher kommen diese vielen Seelen? Wenn vor zwanzig Jahren fünf Milliarden Seelen vorhanden waren, die sich nach dem Tod ihrer Körper wieder inkarnieren konnten, dann müßten doch heute wiederum fünf Milliarden neue Körper existieren, in denen sich die damals vorhandenen Seelen erneut inkarnierten. Es existieren aber jetzt sechs Milliarden Körper. Woher kommen die dazugehörigen 1 Milliarde Seelen mehr?

In der Vergangenheit wurde innerhalb des Spiritismus erklärt, die neu vorhandenen Seelen würden von anderen Planeten her zur Erde kommen. Eine solche Erklärung überzeugt heute wohl niemanden mehr. Die Tatsache des demographischen Wachstums aber bleibt bestehen. Zu sagen, jene Seelen würden sich gleichzeitig in mehr als einem Körper inkarnieren, würde zu Widersprüchen innerhalb der Doktrin selbst führen, abgesehen von den daraus resultierenden psychischen Problemen. Statt dessen wird heute erklärt, daß gewisse Seelen sich in zwei Seelen aufgeteilt hätten. Auf diese Weise gäbe es jetzt sogenannte „Zwillings-Seelen", die in verschiedenen Leibern inkarniert seien. Auf diese Weise läßt sich selbst die gegenseitige Anziehung zwischen gewissen Menschen erklären, in letzter Instanz sogar die Liebe, die zwischen bestimmten Menschen entsteht, zwischen anderen nicht.

Die zwei Menschen, die sich gegenseitig angezogen fühlen, wären dann eben die Inkarnationen jener Seele, die ursprünglich eine war und die sich dann zweiteilte. Aus diesem Grunde fühlten sich die beiden Menschen unwiderstehlich zueinander hingezogen.

Dieser Erklärungsversuch erinnert sehr stark an den Philosophen Platon aus dem 4. Jahrhundert vor Christus. Er versucht in einer mythologischen Erzählung die menschliche Liebe wie folgt zu beschreiben:

Am Beginn des Menschengeschlechtes, sagt er, waren die Menschen nicht unterschieden in Männer und Frauen. Die Personen bildeten eine Einheit, vergleichbar einer runden Kugel. Eines Tages jedoch zerschnitt ein Gott jene Kugeln in zwei Hälften. Seit jener Zeit ist der Mensch ein unvollendetes Wesen, denn er ist nur die Hälfte dessen, was er ursprünglich war. Dies ist der Grund, weshalb jede Halbkugel sehnsüchtig und voll Verlangen ihre andere Hälfte sucht, die sich irgendwo in der Welt verlor. Und wenn zwei solcher Kugelhälften sich endlich gefunden haben, dann fühlen sie in sich eine ungeheure Verwandtschaft, sie fühlen sich unwiderstehlich gegenseitig angezogen. Diese Anziehung ist das, was wir Liebe nennen.

Die Erzählung Platons ist eine sehr schöne Metapher, um zu erklären, was Liebe sei. Aber sie bleibt Metapher, sie bleibt angesiedelt auf der Ebene mythologischer Dichtung. Mythos aber ist keine Wissenschaft. Mythos erfindet, aber beweist nicht. Die Hypothese zweigeteilter Seelen, mit deren Hilfe sich das demographische Wachstum erklären ließe, bleibt auf der gleichen Ebene wie der plantonische Mythos. Es gibt dafür keinen wissenschaftlichen Beweis. Statt dessen bewirkt er Widersprüche und Ungereimtheiten auf logischer, psychologischer und philosophischer Ebene.

Warum also eine derartige unwahrscheinliche Erklärung akzeptieren? Wäre es nicht einfacher, auf der Ebene der Fakten zu bleiben, auf der Ebene dessen, was Philosophie und Psychologie als fundamentale Tatsachen über die menschliche Person aussagen? Sie ist unteilbar, einmalig und nicht wiederholbar, und wenn sie sich als geteilte oder verdoppelte Persönlichkeit manifestiert, dann stehen wir vor einem pathologischen Fall, einer Schizophrenie. In Zukunft könnte es vielleicht auch ein Klon sein. Anzunehmen aber, daß es geklonte Seelen geben könne, dies entbehrt jeder wissenschaftlichen Grundlage.

III. Teil

Auferstehung: die Alternative der christlichen Religion

12. Ein „soziologischer Beweis“ für Auferstehung

12.1 Der Skandal des Kreuzes

Wir haben uns durch die zweitausendjährige Geschichte des Christentums daran gewöhnt, im Kreuz das große Symbol unserer Erlösung zu sehen. Ein verehrungswürdiges Zeichen des Glaubens. Es gibt Gebete und Konzerte und liturgische Feiern rund um das Kreuz. Der Karfreitag ist für viele Christen der höchste Feiertag ihrer Religion. Das Kreuz selbst wurde zu einem hochgeehrten Ehrenmal, zum Ausdruck religiösen Ansehens oder mindestens zu einer schönen und oft wertvollen Dekoration. Mit einem Wort, wir verehren das Kreuz.

Dies aber war keineswegs so zur Zeit Jesu. Als Jesus lebte, war das Kreuz ein verabscheuungswürdiger Galgen. Ein Zeichen der Schande und der Verachtung, ein skandalöses Schandmal. So empfanden die Zeitgenossen Jesu und er selbst das Kreuz.

An ihm wurden die verachtetsten und verstoßensten Verbrecher erhängt. Und sie starben dort entehrt und auf eine derart grausame Weise, daß die Römer es gesetzlich verboten, einen römischen Bürger zu kreuzigen.

Am Schandpfahl des Kreuzes wurden die Sklaven aufgehängt, die Ausgestoßenen, der Abschaum der Gesellschaft. Dort verreckten sie in bestialischen Krämpfen, eingehüllt in den Gestank ihres Kots und das Gurgeln ihrer im eigenen Blut erstickenden Lungen. „Wie ein Wurm“, sagt die Bibel, und sie hat recht. Denn um nicht nach wenigen Minuten zu ersticken, mußte der Gekreuzigte seinen Körper mit den angenagelten Armen nach oben ziehen, nur so konnte er die eingeatmete Luft wieder ausatmen. Dabei aber zerquetschten die Nägel den Hauptnerv seiner Arme. Die daraus resultierende Qual war derart, daß er sich impulsiv wieder nach unten sacken ließ. Er fiel in seine ausgestreckten Arme, und seine Lungen füllten sich erneut mit Luft, die er nicht mehr ausatmen konnte. Also mußte er seinen Körper erneut mit den angenagelten Armen nach oben ziehen, und so immer fort. Dabei wand er sich wie ein Wurm.

„Ein Wurm bin ich und kein Mensch, der Verachtetste der Menschen und ausgestoßen vom Volk. Alle, die vorübergehen, spotten über mich, sie schürzen die Lippen und schütteln ihren Kopf..." (Psalm 22,7–8)

Der Tod am Kreuz war nicht jenes friedvolle Schweben über der Erde, wie es uns die Kunst in Bildern und Skulpturen darstellt. Der Tod am Kreuz war ein häßlicher Tod, abstoßend, erniedrigend und erschreckend. Wer ans Kreuz gehängt wurde, der war entehrt und ausgestoßen für immer aus der Erinnerung des Volkes und der Gesellschaft. Ein Geächteter und Verlachter.

Der Tod am Kreuz war ein Skandal. Nicht nur sozial, sondern vor allem auch religiös.

Wer am Kreuze starb, war nicht nur eliminiert aus der Erinnerung des Volkes, er war vor allem auch ausgetilgt und gelöscht in der Erinnerung Gottes. So steht es in der Bibel, und das Volk wußte dies sehr wohl, und die Priesterschaft des Tempels wußte es, und die Schriftgelehrten und Pharisäer. Darum auch wollten sie jenen Jesus am Kreuz. Damit vor der ganzen Welt offenbar werde, daß Gott selbst ihn verworfen hätte. Ihn und seine Botschaft, die unbequeme, welche die Grundfesten der Macht in Frage stellte. Sie wollten ihn am Kreuz, damit vor dem gesamten Volk sichtbar bezeugt werde, daß das, was jener Jesus gesagt und gelebt hatte, von Gott selbst verworfen wurde.

Wort des Herrn: „Verflucht von Gott ist jener, der am Kreuze hängt!" So können wir lesen in Dtn 21,23. Offenbarung Gottes.

Verflucht von Gott, wer am Kreuze hängt. Das ganze Volk kannte den Text, die Priester kannten ihn und die Schriftgelehrten. Und sie alle sahen jenen Jesus am Kreuze hängen.

Verflucht von Gott ... Gibt es jemanden, der das Wort Gottes in Frage stellen möchte? Über die soziale Ächtung hina us fiel auf den gekreuzigten Jesus auch der religiöse Fluch. Er war durch seinen Tod eliminiert und vernichtet als Person. Seine Taten geächtet, seine Worte diskriminiert, seine Botschaft tot.

Das war die Wirklichkeit des Kreuzes zur Zeit Jesu. Und auf diese Weise auch verstanden es alle, die mit ihm waren. – Ein totales Scheitern. Ein Zeichen dafür, daß all das, was jener Gekreuzigte jemals getan oder gesagt hatte, vergessen würde für immer, vergessen werden mußte durch alle, vergessen wurde selbst durch Gott.

So verstanden sie es, und aus diesem Grunde liefen alle davon, auch seine ehemaligen Jünger. Alle waren überzeugt davon, daß sie sich hatten täuschen lassen. Alles Lüge, alles Illusion, Gott war nicht mit jenem Jesus, und wer es nicht glauben wollte, mußte nur die Heilige Schrift aufschlagen. Dort las er es schwarz auf weiß, und die Priester bestätigten es, und die amtlichen Schriftausleger: „Verflucht von Gott, wer am Kreuze hängt!" Geoffenbarte Wahrheit, Wort Gottes, geschrieben unter Inspiration des Geistes Gottes – wer wagt zu zweifeln?

Dies war die Situation an jenem Karfreitag, der in nichts ein heiliger Tag war, sondern vielmehr ein Tag des Scheiterns und der totalen Niederlage. Niemals wäre es nach einem solchen Debakel möglich gewesen, daß die Sache jenes Gekreuzigten weitergegangen wäre. Unmöglich zu denken, daß irgendjemand noch auf ihn vertraut hätte. Er war erledigt, eliminiert und aus dem Gedächtnis des Volkes ausgetilgt, und seine Niederlage wurde selbst von Gott bestätigt. „Verflucht von Gott, wer am Kreuze hängt!"

An jenem Freitag war die Sache Jesu tot, liquidiert und erledigt für immer. Das ist die wirkliche historische Situation. Und im Bewußtsein dieses Zusammenbruchs liefen denn auch alle Anhänger Jesu bis auf einige wenige Familienfreunde davon, und sie alle waren überzeugt davon, daß sie sich getäuscht hatten. Wer ans Kreuz gehängt wird, konnte der Messias nicht sein.

Wer am Kreuz erstickte, war ein Gescheiterter selbst vor Gott.

An jenem Freitag der Kreuzigung Jesu war die Sache Jesu eliminiert, liquidiert, ausgetilgt und erledigt für immer.

Wie kommt es aber dann, daß seine Verkündigung dennoch weiterging?
Das ist die große, nicht zu beantwortende Frage, wenn wir nur beim Moment der Kreuzigung verharren. Angesichts dieser Frage beginnt das, was wir vorher den *soziologischen Beweis der Auferstehung* nannten.

Die Sache Jesu ging trotz der Kreuzigung weiter, weil Gott selbst die Initiative ergriff. Er erweckte Jesus vom Tode auf.

Wenn die Geschichte Jesu so geendigt hätte, wie sie am Freitag vor Ostern endete, dann hätte damals kein Mensch auch nur den Gedanken gehabt, etwas von jenem Jesus weiterzutragen. Dann würde auch heute kein Mensch mehr sich seiner erinnern. Wenn die Geschichte Jesu mit dem totalen Scheitern seines Todes am Kreuz geendigt hätte, dann wären damit auch seine Mission und seine Botschaft verschwunden, erledigt für immer, ausgelöscht. Ein Gekreuzigter kann nicht der Gesandte Gottes sein! Das bezeugt die Bibel selbst, wir haben es nur vergessen: „Verflucht von Gott, wer am Kreuze hängt!" (Dtn 21,23)

Das war die Situation, so wie die Menschen zur Zeit Jesu sie sahen. Niemand, aber wirklich niemand wäre damals imstande gewesen, vor dem Druck der Tatsachen die Botschaft eines Menschen wiederaufzunehmen und zu verbreiten, der auf derart eindeutige Weise von Gott selbst desavouiert wurde, als Gescheiterter gekennzeichnet vor allem Volk. Nein, ein Gekreuzigter konnte Gottes Gesandter nicht sein.

Ein vom Tode Auferweckter aber, der konnte es sein. Wenn irgend jemand fähig war, jenes absolute Scheitern am Kreuz zu überwinden, wenn jemand das historische Verdammungsurteil über einen Gekreuzigten aufheben und in sein Gegenteil verwandeln konnte, dann nur noch Gott.

Nur Gott war in jenem geschichtlich-sozialen und religiösen Kontext noch imstande, den totalen Zusammenbruch abzuwenden. Nur Gott konnte den von ihm selbst formulierten Urteilsspruch über einen Gekreuzigten aufheben. Und genau dies war es, was Gott tat.

Ein Gekreuzigter konnte Gottes Gesandter nicht sein.
Ein vom Tode Auferweckter aber konnte es.
Darum handelte Gott.
Er brach ein in die Geschichte und handelte so, wie ein Gott des Lebens handelt, er erweckte Jesus vom Tode auf.

Dies war das Ereignis, das alles änderte. Dies war das Motiv, um dessentwillen die Anhänger J esu zurückkamen und erneut an ihn glaubten. Es war aufgrund der Auferweckung, und nur ihretwegen, daß sie ihr Vertrauen wieder fanden. Jetzt endlich hatten sie einen Beweis für ihre Überzeugung.

Jetzt besaßen sie eine Sicherheit, die es ihnen ermöglichte, den Schock der Kreuzigung zu überwinden. Jener Jesus, der tot gewesen war, wurde auferweckt durch Gott selbst. Jener, der in einem totalen Scheitern als Verdammter gestorben war, wurde rehabilitiert durch den einzigen, der solche Rehabilitierung verwirklichen konnte, durch Gott selbst. Und das untrügliche Zeichen dieser Rehabilitierung war die Tatsache, daß dieser Jesus wieder lebte, obwohl er tot gewesen war.

12.2 Indem er Jesus vom Tod auferweckt, bestätigt Gott selbst all das, was jener Jesus gesagt und getan hat

Die Auferweckung Jesu wurde das große Zeichen, durch das Gott selbst das Handeln Jesu bestätigte. Denn jener Jesus war tot gewesen, und nun lebte er wieder. Alle sahen es. Sie berührten ihn, sie aßen mit ihm, sie erkannten ihn wieder und sie sahen und berührten selbst seine Wunden. Er war es, und kein anderer. Er lebte wieder, nicht etwa als Wiedergeborener in einem neuen Körper, nein, als Auferweckter. Es war der gleiche Jesus, der tot gewesen war, alle Texte betonen dies. Es war kein anderer, es war er selbst. Er war auferweckt worden von Gott, damit alle das Vertrauen in ihn wieder zurückgewinnen konnten, in ihn und in das, was er gesagt hatte.[1]

Ausgehend von diesem Zeichen, glaubten sie von neuem. Sie begannen, die Botschaft Jesu zu verkündigen, nicht des Kreuzes wegen, sondern *trotz des Kreuzes!*

Sie verkündeten die Sache Jesu, weil Gott selbst ihnen durch die die Auferweckung jenes Jesus den Beweis geliefert hatte, daß er selbst sich hinter ihn stellte. Wenn Gott ihn vom Sklaventod am Kreuz auferweckte, dann geschah dies, um vor aller Welt sichtbar zu machen, daß jener Jesus der richtige Messias war und daß der Tempel, zusammen mit all seinen Priesterschaften und Schriftgelehrten, sich getäuscht hatte. Wenn Gott Jesus vom Tod zu neuem Leben erweckte, dann hieß dies, daß Gott selbst das Projekt jenes Jesus guthieß. Auf dieser Basis konnten seine ehemaligen Anhänger ihr Vertrauen wieder gewinnen und erneut die Initiative übernehmen.

[1] Bei diesem „Realismus“ der Erscheinungsberichte ist allerdings darauf zu achten, daß die Ostererzählungen in den Evangelien bereits der Versuch sind, eine Erfahrung in Sprache zu fassen, die immer nur unzulänglich ausgedrückt werden kann. Die Betonung der „Materialität“ in den Erscheinungsberichten hat vor allem den Sinn, unmißverständlich festzuhalten, daß der Auferstandene kein anderer als der Gekreuzigte ist. Es bleibt zu unterscheiden zwischen der „Sprachgestalt“ (Erscheinungsberichte) und der Wirklichkeit, die damit zum Ausdruck gebracht werden soll. Welcher Art war das „Sehen“ des Auferstandenen? Edward Schillebeeckx betont, daß diese Wirklichkeit ein Bekehrungsprozeß war: Diejenigen, die Anstoß am Gekreuzigten (d.h. von Gott Verfluchten) genommen hatten, können ihn nun als Heilsbringer bekennen, weil ihnen der Gekreuzigte als der von Gott Auferweckte offenbart wurde in einer Erfahrung von Vergebung und Bekehrung. Schillebeeckx meint daher. „Es besteht kein so großer Unterschied zwischen der Art und Weise, wie *wir* nach dem Tod Jesu zum Glauben an den auferstandenen Gekreuzigten kommen können, und der Art und Weise, wie die Jünger Jesu zu demselben Glauben gekommen sind. Nur leiden wir an dem groben und naiven Realismus dessen, was ‚Jesuserscheinungen' in der späteren Tradition geworden sind, in Unkenntnis der Besonderheit des biblisch-jüdischen Sprechens.“ (E. Schillebeeckx, Jesus. Die Geschichte von einem Lebenden, Freiburg 1975, 306f; zur Deutung der Osterevangelien insgesamt vgl. M.-L. Gubler, Wer wälzt uns den Stein vom Grab? Die Botschaft von Jesu Auferweckung, Mainz 1996).

So kam es, daß das Reden über ihn, über seine Botschaft und seine Person wieder begann. Nicht wegen des Kreuzes, sondern trotz des Kreuzes.

Niemand zu jener Zeit hätte die Verrücktheit besessen, solches zu tun, wenn nach jenem Kreuz nicht etwas völlig Neues und Unerwartetes geschehen wäre; ein neues Faktum, das das alte überwand, etwas, mit dem niemand gerechnet hatte. Gott erweckte Jesus vom Tod.

Weil dies Unerwartete, Neue geschehen war, darum begannen die Jünger erneut, von Jesus zu sprechen. Und darum sprechen wir heute noch von ihm. Die Tatsache, daß wir dies tun, ungeachtet seines völligen Scheiterns am Kreuz, das ist es, was ich den soziologischen Beweis für die Auferstehung nenne. Ohne Auferstehung gäbe es heute keinen Jesus.

Indem er Jesus vom Tod auferweckt, zeigt Gott selbst der gesamten Welt, daß er sich mit jenem Jesus solidarisiert, mit all seinen Worten und all seinen Taten.

Indem er Jesus vom Tod auferweckt, gibt Gott selbst den unleugbaren Beweis, daß er, Gott, das Projekt jenes Jesus ratifizierte und sich mit ihm solidarisierte.

Basierend auf diesem Beweis und aufgrund dieses Beweises ging die Sache Jesu weiter, trotz seines Todes am Kreuz.

13. Indem er Jesus vom Tod auferweckt, offenbart sich Gott als ein Gott, der das Leben will und nicht den Tod

Zu den verschiedensten Gelegenheiten kann man die Formel hören, Gott sei ein Gott des Lebens. Der Pfarrer ruft sie von der Kanzel, im Katechismus ist sie zu lesen, und die Gläubigen wiederholen sie in Gebeten. Gott ist ein Gott des Lebens. Dies wurde schon so oft gesagt, daß es für viele zur leeren Formel erstarrte. Formeln aber sind tote Buchstaben, und so ist auch diese Formel im Munde vieler Christen nichts mehr als to ter Buchstabe, eine abstrakte Doktrin und spirituell-religiöse Theorie.

Gott indessen ist kein toter Buchstabe. Gott handelt. Gott lebt und will, daß andere leben.

Und damit die gesamte Welt dies erkenne, damit sie erkenne, daß er lebt, darum brach jener Gott in die Geschichte unserer Welt auf eine ganz spezifische Weise ein. Auf noch nie dagewesene Weise, neu und unerhört: *Gott erweckte einen Toten zu neuem Leben.*

Indem Gott den toten Jesus wieder zum Leben erweckte, tat er Wesentliches über sich selbst kund.

Indem Gott den toten Jesus wieder zum Leben erweckt, offenbart er sich als ein Gott, der die Toten erweckt.

In jenem Augenblick, wo er den toten Jesus auferweckt, zeigt Gott selbst der gesamten Welt, daß der Tod nicht die letzte Erfahrung des Menschen ist.[2]

Indem er Jesus auferweckt, gibt Gott Zeugnis davon, daß er selbst den Tod als letztes Schicksal des Menschen nicht

[2] Die zeitgenössische Eschatologie legt großen Wert darauf, zu betonen, daß Gott es war, der Jesus vom Tod auferweckte. So heißt es in allen ursprünglichen biblischen Texten. So heißt das eigentliche und älteste Glaubensbekenntnis der frühen Urkirche. Man vergleiche dazu: Apostelgeschichte 2,24; 2,32; 3,15; 4,10; 5,30; 10,40; 13,30; 13,34; 13,37;

akzeptiert. Gott ist gegen den Tod, und deshalb interveniert er genau in jenem Augenblick, wo der Mensch alleine einfach nicht mehr fähig ist, noch etwas zu tun, im Moment des Todes. Wenn der Mensch mit all seinen Möglichkeiten am Ende ist, wenn er nichts mehr tun kann, wenn der Tod zu siegen scheint, dann interveniert Gott. Dann zeigt Gott, daß er stärker ist, indem er die Situation des Todes erneut in Leben verwandelt.

Gott ist gegen den Tod,
und genau deshalb will er
„ein Gott der Lebenden sein
und nicht der Toten". (Mt 22,32)

Damit dieses Wollen Gottes sich verwirkliche, muß Gott handeln und die Toten wieder zum Leben erwecken. Außer ihm nämlich kann niemand dies tun.

Der „Beweis" dafür aber, daß Gott solches wirklich unternimmt, ist die erfahrene Auferweckung Jesu.

Auf dieser Basis läßt sich aufbauen. Sie bietet jedem Menschen die Gewißheit, daß Gott auch ihn in seinem eigenen Tod nicht verlassen werde. Gott interveniert in jedem Tod des Menschen auf die gleiche Weise, wie er es bei Jesus tat. Und da er ein Gott des Lebens ist, spiegelt seine Intervention den göttlichen Grundentscheid für das Leben und gegen den Tod wider. Dies bedeutet für den Menschen, daß ihn Gott vom Tode zu neuem Leben auferweckt, daß er ihm neue Dimensionen des Lebens schenkt. Diese neuen Dimensionen aber sind nicht die Wiederholung der dem Menschen bereits bekannten Lebenswirklichkeit in einem neuen Erdenleben. Solche Phantasielosigkeit ist eines Gottes nicht würdig. Gott ist kreativer als die Menschen. Er geht über das hinaus, was Menschen sich vielleicht noch vorstellen können. Wenn Gott handelt, dann wiederholt er nicht das Alte, das schon Dage-

Römerbrief 4,24; 7,4; 8,11; 8,34; 10,9; Kolosserbrief 2,12; Brief an die Epheser 1,20; Brief an die Galater 1,1; Erster Korintherbrief 6,14; 15,12.15.20; Zweiter Korintherbrief 4,14; Erster Brief an Timotheus 2,8; Erster Brief des Petrus 2,21.

wesene. Wenn Gott handelt, dann schafft er Neues. Gott schaut nicht zurück auf das, was gewesen ist, nein, er schaut nach vorne. Darum auch ist Auferweckung nicht die Wiederholung eines Lebens in den bereits bekannten Dimensionen eines Erdenlebens. Auferweckung ist viel mehr. Auferwekkung ist das Werk eines unendlich seinsmächtigen und kreativen Schöpfers. Dies aber heißt für den Menschen, daß er in neue Dimensionen eintreten wird, die er noch nicht kennt, ja die er sich in seinen kühnsten Träumen nicht hätte vorstellen können.

Gott ist ein Gott des Lebens, und seine Erfahrung von Leben umfaßt mehr, als der Menschengeist sich ausdenken kann. Als ein solcher Gott wird er sich auch im Tod des Menschen manifestieren. Neu, kreativ, würdig eines Gottes, der von sich sagt, daß er das Leben selbst sei. Der Mensch wird nicht nochmals das schon Gewesene wiederholen, nein, Gott wird ihn einführen in neue Lebensdimensionen, die alles übersteigen, was wir je mit dem Begriff des Lebens auszudrükken versuchten. In ihnen wird das Wirklichkeit werden, was Gott selbst als seinen ausdrücklichen Willen und Wunsch formuliert:

„Ich will, daß sie das Leben haben, und daß sie es in Fülle haben!" (Joh 10,10)

Damit dieser Wille Gottes sichtbar und offenbar werde vor aller Welt, hat Gott ihn sichtbar und auf soziologisch nicht zu leugnende Weise bestätigt durch die Auferweckung Jesu.

In der Person des auferweckten Jesus erweist sich Gott geschichtlich unübersehbar als ein Gott, der die Toten auferweckt.

Dieser Gott, der die Toten erweckt, weil er ein Gott des Lebens ist, wird durch Paulus bezeich net als ein Gott, „der die Toten lebendig macht und aus dem Nichts alles ins Dasein ruft". (Röm 4,17)

In diesem Satz kulminiert die ganze Hoffnung all jener, die auf ihn vertrauen. Er faßt in prägnanter Kürze das zusammen, was wir durch den inflationären Gebrauch der Formel vom Gott des Lebens beinahe schon vergessen haben.

14. Indem Gott Jesus vom Tod auferweckt, erweist er sich als ein Gott, der dem Menschen die Treue hält

Jeder Tod eines Menschen stellt in gewissem Sinn die Treue jenes Gottes des Lebens in Frage. Wie kann er derart lautstark betonen, daß er das Leben wolle, daß er gegen den Tod sei – und dennoch sterben die Menschen?

Der Einwand ist berechtigt, und wir dürfen ihn nicht übergehen. Jeder Tod eines Menschen bleibt ein Skandal, der den Gott des Lebens in Frage stellt! Jeder Tod eines Menschen ist eine Krise, in deren Verlauf immer wieder von Neuem das Problem auftaucht, ob Gott den Menschen auch wirklich die Treue halte. Im Grunde genommen wiederholt sich in jeder dieser Krisen der gleiche Schrei, der so oft im Verlauf der Geschichte des Volkes Israel ertönte: *Ist dieser Gott dem Menschen wirklich treu?*

Die Frage hängt in der Luft, und angesichts der Tatsache des menschlichen Todes können wir uns nicht mit frommen Floskeln davonstehlen.

Hält dieser Gott dem Menschen wirklich in allen Situationen die Treue? Auch in der ausweglosen Situation des Todes? Steht dieser Gott auch dort zu seinem Wort, daß er für uns das Leben wolle? Ist er wirklich ein Gott, der den Menschen nie alleine läßt, in keiner Lebenslage, und schon gar nicht in der aussichtslosen Situation des Todes?

Zweifel angesichts der Fakten gibt es viele. Wo sollen wir die Sicherheit hernehmen, um auf all die brennenden Fragen mit ja antworten zu können?

Woher nehmen wir den Mut zu erklären, dieser Gott bleibe dem Menschen immer treu, wenn uns der Leichnam eines Menschen das Gegenteil ins Gesicht zu schreien scheint? Jeder menschliche Kadaver fordert Gott heraus. Wo ist er, dieser Gott des Lebens? Wo ist er, dieser treue Gott?

Um auf solche Herausforderung eingehen zu können, sind wir wieder einmal aufgerufen, uns der Geschichte Israels zuzuwenden. Eine paradigmatische Geschichte, beispielhaft für die Art und Weise, wie Gott handelt. Der zweifelnde Ruf, ob Gott denn treu sei, erhob sich im Verlauf jener Geschichte immer dann, wenn das Volk in eine Krise geriet. Existentielle Krisen sehr oft, in denen es um Sein oder Nichtsein ging. Um Tod und Leben. Oft um Tod.

In jenen Krisen schrie das Volk zu Gott, und trotz aller gegenteiliger Hinweise hielt es daran fest, daß dieser Gott ein treuer Gott sei. Ungeachtet der Tatsache, daß alle Anzeichen das Gegenteil zu beweisen schienen, verharrte sein Volk in seinem Glauben: *Gott ist ein treuer Gott!*

In Zeiten der Krise verstärkte sich in Israel allen Anfechtungen zum Trotz der Glaube, daß Gott dem Volke und dem Menschen treu sei. Treu trotz allem!

Diese Überzeugung verfestigte sich Jahrhundert um Jahrhundert bis hin zu dem Punkt, wo es nicht mehr denkbar war, daß die Treue dieses treuen Gottes sich nur auf die Lebenden beschränken sollte. Im Buch Daniel aus dem 3. Jh. v. Chr. finden wir denn auch die klare Aussage. Gott halte nicht nur den Lebenden die Treue, sondern auch jenen, die schon gestorben seien. Gleiches findet sich später auch im zweiten Buch der Makkabäer.

Zuerst glaubte man nur, daß Gott all jene zu einem neuen Leben erwecken würde, die um der Sache Gottes willen als Märtyrer gestorben seien. (vgl. Dan 12; 2 Makk 7,14)

Diese Auferweckung der Märtyrer wurde übrigens immer verstanden als ein Ereignis, das im Moment des Todes geschehe. Und immer war es eine globale Auferweckung des ganzen Menschen in seiner konkreten Körperlichkeit. Als auferweckter und ganzer Mensch ging er ein in eine neue Lebensdimension mit Gott.

Schritt für Schritt dehnte sich die Überzeugung von einer Auferweckung der Toten auf die Gesamtheit der Menschen aus. Gott würde alle Menschen aus dem Tod erwecken zu einem neuen Leben. Diese Überzeugung findet biblisch ihren

Höhepunkt und ihre Bestätigung in der Auferweckung Jesu. Jenes Jesus, der zwar nach christlichem Bekenntnis die zweite göttliche Person selbst war, der aber ebenso wahrer Mensch ist. Und als wahrer Mensch starb er auch einen menschlichen Tod. Gott aber hat ihn von diesem Tod auferweckt, das ist das wörtliche Zeugnis der Urkirche.

Um die Wirklichkeit dieser Aussage zu verstehen, müssen wir erneut an die Situation Jesu an jenem Freitag seiner Kreuzigung erinnern. In jenem Augenblick war all das, was Jesus jemals in seinem Leben gelehrt und getan hatte, total erledigt und ausgelöscht durch die Tatsache seiner Kreuzigung. Ein Gescheiterter war er, nicht mehr, und selbst Gott hatte ihn verlassen, so schien es. Seine Anhänger liefen davon, zu Recht, wie wir in den vorhergehenden Kapiteln sahen. Die ganze kulturelle und religiöse Überzeugung der Zeit unterstützte die Meinung, daß dieser ans Kreuz Geschlagene auch von Gott verstoßen sei (vgl. Dtn 21,23). Die kulturelle Tradition sah in ihm einen Gescheiterten auf allen Ebenen, einen, der zum Gespött geworden war, erledigt, massakriert, aus.

Die ganze Sache Jesu geriet in die Krise, er selbst geriet in die Krise, und der Gipfel und Endpunkt dieser Krise war sein erbärmlicher Tod. Wie ein Hund, oder schlimmer als ein Hund. Und zu alledem schwieg Gott!

Gott hatte ihn verlassen, getreu der Schrift. Ausgespuckt. So schien es allen. Aber so war es nicht!

Gott ließ jenen Jesus nicht im Tode.

Er ließ ihn nicht verkommen und vergessen sein, wie Tausende andere vor ihm vergessen worden waren. An ihm setzte Gott selbst ein Zeichen. Und dieses Zeichen hieß: *Auferwekkung*. Gott weckte Jesus vom Tode auf.

Gegen die allgemeine Gewohnheit, von der „Auferstehung" Jesu zu sprechen, müssen wir mit Nachdruck daran erinnern, daß das Osterereignis nicht ein aktives Handeln Jesu war. Jesus war tot, und ein Toter handelt nicht. Das Ostergeschehen war vielmehr voll und ganz ein Handeln Gottes am toten Jesus. So hat es die Urkirche immer verstanden, und es gibt keine andere Art, es zu verstehen. Wir haben bereits im vorhergehenden Kapitel darauf hingewiesen, daß dies das ursprüngliche und originale Glaubensbekenntnis der frühen Kirche war. Nicht, Jesus ist auferstanden, sondern: „Gott hat Jesus auferweckt!“ Man vergleiche dazu die entsprechenden Zitate in der Anmerkung von Kap. 13.

Gott hat Jesus vom Tode auferweckt.

Die Auferweckung des Gekreuzigten war die Art, wie Gott sich zugunsten dieses Verworfenen manifestierte. Indem er ihn nämlich auferweckte zu neuem Leben, bestätigte und bezeugte er vor allen, daß er diesen seinen Sohn weder verlassen noch verflucht hatte. Durch seine Auferweckung bestätigte er das, worauf jener Jesus immer gepocht hatte, daß er ein treuer Gott ist. Daß er dem Menschen treu bleibt. Ein Gott, der dem Menschen die Treue hält, auch wenn alle äußeren Zeichen dagegen sprechen. So ist dieser Gott. Gegenwärtig in der Geschichte auf eine ganz spezifische Art und Weise als ein Gott, „der die Toten lebendig macht und ins Leben ruft, was nicht existierte“ (Röm 4,17). So hat die Urkirche die Auferweckung Jesu interpretiert. Und auf der Basis solcher Überzeugung formuliert die christliche Religion bis heute ihre sieghafte und optimistische Überzeugung:

Gott ist ein Gott, der den Menschen die Treue hält. Diese Treue zeigt sich auf spezifische Weise im Tod, denn so wie Gott seinen Sohn Jesus auferweckte, so wird er auch uns auferwecken!

15. Durch die Auferweckung Jesu schafft Gott eine Basis für unsere eigene Hoffnung auf Auferweckung im Tod

Dies ist die logische Konsequenz, auf der die gesamte christliche Heilsbotschaft beruht. Gott weckte Jesus von den Toten auf, jenen Jesus, der wahrer Gott war, aber gleichzeitig auch wahrer Mensch. W enn er mit jenem wahren Menschen so verfuhr, dann wird er auch mit uns so verfahren.

Die gesamte Argumentation des Paulus basiert auf dieser Überzeugung. Er wird nicht müde, immer wieder zu betonen: „Wenn der Geist dessen, der Jesus von den Toten auferweckte, in uns wohnt, dann wird jener, der Jesus Christus vom Tode erweckte, auch unsere sterblichen Leiber auferwecken..." (Römer 8,11)

„Gott, der den Herren auferweckte,
wird auch uns auferwecken
durch seine Macht"
(1 Korinther 6, 14)

Paulus spricht nicht von Wiedergeburt, dies müssen wir sehr klar betonen. Paulus spricht von „Auferweckung".

Das Vertrauen darauf, daß Gott die Toten auferwecken werde zu neuen Dimensionen des Lebens, gründet in der Tatsache, daß Gott als ersten seinen toten Sohn, Jesus, den Christus, auferweckte.

Mit dieser Auferweckung bewies er der gesamten Welt, daß er ein Gott des Lebens ist, ein Gott, der in Tat und Wahrheit die Toten wieder lebendig macht. (vgl. Röm 4,17).

Er bewies darüber hinaus, daß seine Treue zu den Menschen mit dem Tod nicht aufhört, sondern über den Tod hinausgeht. Gott läßt den Menschen im Tod nicht aus seiner Treue fallen, sondern er fängt ihn auf und erweckt ihn zu neuen Dimensionen des Lebens und der Solidarität mit ihm selbst. Das ist Auferweckung. Die Zuversicht und das Wissen darum, daß Gott den Menschen im Tod nicht fallen läßt, wurde durch Paulus in eindrücklichen Sätzen formuliert. Seine Glaubenssicherheit wurde zur Grundlage des christlichen Glaubens. Eines Glaubens, der auf einer durch Gott selbst bestätigten Wahrheit beruht:

Nach dem Tod wird der Mensch auferweckt werden. Es gibt keine Wiedergeburt. Wohl aber gibt es die Auferstehung in Gott.

Das ist die grundlegende Überzeugung des Paulus. Auf ihr gründet er seinen Glauben, und dieser Glaube ist auch der Glaube jener, die sich heute Christen nennen.

„Wenn aber von Christus gepredigt wird, daß er von den Toten auferstanden ist, wie sagen dann einige unter Euch: Es gibt keine Auferstehung der Toten? Gibt es keine Auferstehung der Toten, so ist auch Christus nicht auferstanden. Ist aber Christus nicht auferstanden, so ist unsere Predigt vergeblich, so ist auch euer Glaube vergeblich. Wir würden dann auch als falsche Zeugen Gottes befunden, weil wir gegen Gott bezeugt hätten, er habe Christus auferweckt, den er nicht auferweckt hätte, wenn doch die Toten nicht auferstehen. (Apg 1,22).

Denn wenn die Toten nicht auferstehen, so ist Christus auch nicht auferstanden. Ist aber Christus nicht auferstanden, so ist euer Glaube nichtig, so seid ihr noch in euren Sünden; so sind auch die, die in Christus entschlafen sind, verloren.

Nun aber ist Christus auferstanden von den Toten als Erstling unter denen, die entschlafen sind. (1 Kor 6,14; Kol 1,18)

Denn da durch einen Menschen der Tod gekommen ist, so kommt auch durch einen Menschen die Auferstehung der Toten. (Röm 5,18)

Denn wie sie in Adam alle sterben, so werden sie in Christus alle lebendig gemacht werden."

(1 Kor 15,12–22)

16. Wie soll man sich die Auferstehung der Toten denken?

16.1 Die Auferstehung beginnt im Augenblick unseres Todes

Jenseits des Klinischen Todes gelangt der Mensch an jene Grenze, die keine Reanimation mehr zuläßt. Wir nennen jenen Moment den „Vitaltod“[3]. Das menschliche Leben ist an einem Ende angelangt, von wo es keine Rückkehr gibt, die klinischen Reanimationstechniken versagen, der Mensch ist medizinisch tot. Es ist dieser irreversible Zustand des Tot-Seins, den wir theologisch als die Situation des „Im-Tod-Sein“ bezeichnen möchten.

Der Mensch ist „im Tod“.

In dieser existentiellen Grundsituation gelangt jeder Mensch erstmals in seinem Leben zu einer globalen und integralen Kenntnis seiner selbst. Er sieht sich selbst so, wie er sich nie in seinem Leben sah, in seiner Gesamtheit, in allen Dimensionen seines Seins, als Person, als Wesen innerhalb einer vernetzten sozialen Struktur, als geschichtlichen Faktor und als Element innerhalb eines kosmischen Geschehens.

Im Moment des Todes ist der Mensch das, was er aus sich im Verlauf des Lebens machte; mit all den genannten Dimensionen. Er ist *diese* Person und keine andere. Er hat diesen Charakter und keinen anderen. Er trägt mit sich die ganze Geschichte eines Lebens, im Verlauf dessen er so und so viele andere Menschen beeinflußte, sei es im Guten, sei es im Bösen. Vom jetzigen Augenblick an ändert sich nichts mehr an jener Geschichte. Sie ist gelebt, sie ist fixiert, sie wurde zum geschichtlichen und existentiellen Faktum in allen ihren Dimensionen. Der Mensch schuf sich selbst als Person, als diese Person. Er schuf sich in seinen Aktionen und in seine Re-Aktionen auf die abertausenden von Impulsen, die ihn von außen

[3] vgl. Renold J. Blank, Leben ohne Todesangst, Mainz 1994.

trafen. Als diese Person, die er selber aus sich machte, beeinflußte er nicht nur andere Personen. Er beeinflußte auch die sozialen Strukturen, die gesellschaftlichen, die politischen, die wirtschaftlichen und die religiösen.

Ausgehend von seiner Person und aufgrund seines gelebten Lebens, begannen neue Entwicklungslinien innerhalb der Gesellschaft. Diese Entwicklungsstränge verschwinden nicht mit seinem Tod, sie gehen weiter. Er aber ist verantwortlich für ihren Beginn. Er hat sie in Gang gesetzt, und in diesem Sinn sind sie ein Teil von ihm. Im Moment des Todes wird sich der Mensch erstmals all dieser ungeheuren Konsequenzen seines Lebens bewußt. Er wird sich seiner Wichtigkeit im Guten wie im Bösen bewußt. Er erkennt seine Verantwortung im Rahmen des vernetzten Systems, das er veränderte, das er beeinflußte, zu einem Teil dessen er sich selbst machte. Wir können ohne Übertreibung sagen, daß der Moment des Todes in diesem Sinn jener Augenblick ist, in dem der Mensch erstmals über sich hinauswächst, um nicht nur seine individuelle Persönlichkeit zu erkennen, sondern auch die strukturellen Bezüge dieser Persönlichkeit.[4]

Basierend auf solcher umfassenden Kenntnis seiner selbst, ist der Mensch jetzt fähig, sein Leben zu beurteilen. Den Wert und den Unwert der Entscheidungen oder Nicht-Entscheidungen seines Lebens zu sehen.

Als Parameter aber dieses Bewertens, dieses Beurteilens, dieses Urteilens über sich selbst, steht Gott. Ihn nämlich trifft der Mensch im Augenblick seines Todes. Angesichts der Werte, die dieser Gott als Wert erklärt, wird sich der Wert eines jeden Lebens erweisen.

Diesen ersten Augenblick der Begegnung des Menschen mit Gott nennen wir in der traditionellen theologischen Sprache den Moment des Gerichtes. Nur ist es nicht so, daß Gott den Menschen richtet. Nein, der Mensch richtet sich selbst im

[4] Eine umfassendere Betrachtung dessen, was menschlicher Tod in seinen verschiedenen psychischen, strukturellen und theologischen Daseinsbezügen bedeutet, findet sich in: Renold J. Blank, Leben ohne Todesangst, Mainz 1994.

Angesicht Gottes und der von diesem Gott erstellten Maßstäbe. In diesem Sinne kann die erste Begegnung des Menschen mit Gott auch bereits der erste Schritt sein hinein in ein dynamisches Geschehen, das wir in der traditionellen Sprache die Auferstehung nennen.

Auferstehung, gesehen als ein Handeln Gottes am Menschen. Auferstehung, gesehen als dynamischer Prozeß. In diesem Prozeß aber ist der Mensch nicht ein passives Opfer, mit dem Gott macht, was er will. Wir wollen im Gegenteil aufzeigen, daß der Mensch auch im Tod noch handelndes Subjekt bleibt, das respektiert wird, selbst von Gott.

Im Moment des Todes ist der Mensch jene Persönlichkeit, die er im Verlauf des Lebens aus sich selbst machte.
Im Augenblick seines Todes erkennt der Mensch zum ersten Mal alle Dimensionen und alle Einflüsse seines gelebten Lebens.
Im Moment seines Todes begegnet der Mensch Gott.
Im Moment seines Todes beurteilt der Mensch sein gelebtes Leben, ausgehend von den durch Gott formulierten Parametern.

Ausgehend von dieser seiner Selbst-Beurteilung, wird der Mensch im Tod nun all die unzähligen Fehlentscheide und Falschhandlungen seines Lebens erkennen. Er wird erkennen, daß er sich im Verlauf seines gelebten Lebens auf so und so vielen Ebenen nicht entwickelte, daß keine Evolution seiner Persönlichkeit stattfand. Er wird erkennen, in wie vielen Fällen er nicht zur Höherentwicklung anderer menschlicher Persönlichkeiten oder geschichtlicher Strukturen beitrug. Mit einem Wort, er wird entdecken, daß er sich vor den Fragmenten eines Lebens befindet, das sein eigenes ist; vor einem Leben, das in Nichts dem entspricht, was es in den Augen Gottes hätte sein können.

Angesichts dieses Gottes und urteilend gemäß den Parametern Gottes, wird jeder Mensch die ungeheure Distanz erkennen, die sein gelebtes Leben von einem Leben in Fülle trennt. Von einem Leben, das gelebt worden wäre im Vollsinn des

Wortes und gemäß jenem Lebensprojekt, das Gott von diesem Leben hatte. Statt eines abgerundeten und erfüllten Lebens hält der Mensch in der Hand Fragmente, einen Beginn, dem keinen Erfüllung folgte, Scheitern vielleicht und Ruinen. Er erkennt sich in all seinen Dimensionen als ein unvollendetes Wesen, ein nicht eingelöstes Versprechen, und schuldig obendrein.

Das ist der Mensch in seinem Tod.

Und jetzt? Was soll er tun? Was kann er noch tun? Wie lassen sich die Fragmente dieses gelebten Lebens zu einem Ganzen zusammenfügen? Wie kann er die begangenen Irrtümer korrigieren, da er doch tot ist? Wie ist es möglich, die negativen Impulse, die von seinem Leben ausgingen, ins Positive umzuwandeln? Das Leben ist gelebt. Das Leben ist zu Ende. Was nun?

In der Konfrontation mit dieser sehr ernsthaften Frage formuliert die Wiedergeburts-Lehre ihre Antwort: Der Mensch wird ein zweites Leben leben. Er wird die Chance haben, sich in einem folgenden Menschenleben weiterzuentwickeln. Er wird von Neuem beginnen können, das Leben wiederholen, um das besser zu machen, was im vorangehenden Leben nicht gelang.

Angesichts der gleichen Grundfrage zeigt die christliche Religion einen anderen Lösungsweg auf; eine Alternative. Der zentrale Kern dieser Alternative besteht in der Überzeugung, daß es nicht nötig sein werde, das gelebte Leben in anderem Kontext zu wiederholen. Es wird nicht gefordert werden, daß der Mensch rückwärts gehe und erneut das gleiche erlebe, was er schon erlebte, nämlich eine menschliche Existenz im Rahmen der geschichtlichen Welt. Statt dessen ist die christliche Doktrin der Meinung, das menschliche Leben entwickle sich nach vorwärts, hinein in etwas Neues, etwas noch nie Dagewesenes. Sie ist der Meinung, daß Gott mehr Phantasie habe als die Menschen und daß er darum die Evolution des Menschen in neuen Dimensionen weiterführen könne. In Dimensionen, die all das übersteigen, was menschliche Vorstellungskraft sich ausmalen kann.

Die Wiedergeburts-Lehre sieht die Zukunft des Menschen nach dem Tod als Rückkehr zum Alten, zu dem, was schon war, zu einem Leben als Mensch.
Das Christentum betont, daß die Zukunft des Menschen nach dem Tod ein Schritt nach vorwärts sei, eine Evolution hinein in neue und bisher unbekannte Dimensionen des Seins.

Ab jenem Augenblick, in dem der Mensch im Tod unfähig wird, noch irgend etwas an seinem gelebten Leben zu verändern, von jenem Moment an, wo sein Leben feststeht und nicht mehr rückgängig gemacht werden kann, weil der Mensch tot ist; dann, wenn der Mensch nichts mehr tun kann, dann beginnt Gott zu handeln. Sein Handeln aber wird ein nach vorwärts gerichtetes Handeln sein, ein kreatives Handeln, das dem Menschen nicht die Wiederholung des Alten vorschreibt, sondern ihn neue Möglichkeiten und Dimensionen erleben läßt. Dies allein ist eines Gottes würdig, das ist die zentrale Überzeugung dessen, was wir die „Frohe Botschaft des Christentums" nennen.

16.2 Wie aber handelt dieser Gott?

Wie aber wird das Neue sein, das dieser Gott mit dem Menschen plant? Wenn es nicht die Wiederholung dessen ist, was wir die geschichtliche menschliche Existenz nennen, was ist es dann? Wir haben bereits im vorhergehenden Kapitel gesehen, daß Gott nicht verurteilt. *Gott verurteilt keinen Menschen!* Das hat der Evangelist Johannes zum Ärger aller menschlichen Legalisten und Pharisäer sehr klar formuliert: „Ich verurteile niemand." (Joh 8,15)

Wenn jemand im Tod urteilt, dann ist es der Mensch selbst. Er ist konfrontiert mit den Trümmern seines gelebten Lebens. Er bewertet dieses Leben, und da mag es sein, daß er es als zu leicht befindet, wenn er es mit den neuen Parametern vergleicht, die er jetzt erkennt.

Ändern kann er die Fragmente seines Lebens nicht mehr. Er kann sie nicht mehr zu einem Ganzen zusammenfügen; er ist ja tot. Wie aber wird Gott sich verhalten, angesichts der Scherben, die der Mensch ihm präsentiert? Das ist die zentrale Frage. Die Frage, die so viele Christen erschreckt bis heute. Und vor diesem Erschrecken fliehen sie in die vermeintliche Sicherheit einer Doktrin, die ihnen die Möglichkeit eines neuen menschlichen Lebens verspricht. Sie ergreifen die Flucht, hinein in die Hoffnung, es im folgenden Leben besser zu machen. Wenn nicht im folgenden, dann im dritten, und so weiter, ohne daß ein Ende abzusehen wäre, so daß im Grunde ihre Angst nur verschoben wird und nicht gelöst.

Wie wird Gott sich verhalten? Er wird nicht verurteilen, sagt der Apostel Johannes. Damit aber fällt bereits das durch Jahrhunderte genährte Motiv eines drohenden Gerichtsurteils dahin. Und es erweisen sich als falsch all jene wohlgemeinten Phrasen, die mit dem Urteil Gottes drohten und damit nur Angst und Furcht erzeugten.

Statt auf der Ebene der Droh- und Schreckensbotschaft der vergangenen Jahrhunderte zu verbleiben, erachten wir es als sinnvoll, daran zu erinnern, was Jesus selbst zu der Frage eigentlich geäußert hat. Er ist es schließlich, auf den die Christen sich berufen. Welche also sind die Kriterien des Handelns Gottes, so wie er sie sah: Jesus Christus?

Wenn wir seine Verkündigung analysieren, dann fällt auf, daß wir in ihr keine Drohung mit einem strafenden Gott entdecken, und ebensowenig die Verurteilung von Sündern.

Was wir statt dessen zu hören und zu sehen bekommen, sind Worte, die das Vertrauen stärken; sind Taten, welche die Hoffnung entzünden:

- Ein Bandit und Mörder wird im Moment seines Todes heiliggesprochen. (Lk 23,39–43)
- Dirnen werden gegen den religiösen Eifer der frommen Anhänger des Gesetzes von ihrer Schuld befreit. (Joh 8,1–11)
- Ein Sohn, der die gesamte Tradition einer guten Familie mit Füßen trat, wird durch den Vater in Liebe wiederaufgenommen, gegen den vehementen Protest eines Bruders, der immer gehorchte und nie das Falsche tat. (Lk 15,11–32)

- Ein Schaf, das weglief und nicht die geringsten Möglichkeiten hat, die Schwierigkeiten des Hirten mit irgend etwas zu vergelten, wird heimgeholt durch eine völlig einseitige Anstrengung des Hirten (Lk 15,1–5; Mt. 18,12–14)
- Leute, die den ganzen Tag herumlungerten und nichts taten, erhalten den gleichen Lohn wie jene, die von morgens bis abends schufteten, und die deshalb völlig zu Recht gegen eine in ihren Augen willkürliche Auszahlung protestieren. Ihr Protest bringt ihnen allerdings nichts ein, denn die Antwort, die sie erhalten, verwirft ihre Argumentation. Sie basiert auf dem Prinzip der Vergeltung. Das Handeln des Gutsbesitzers aber orientiert sich an den Prinzipien der Liebe. „Warum bis du neidisch, wenn ich *gut* bin?" (V. 15) (Mt 20,1–16)
- Ein als Sünder verschrieener Zolleinnehmer wird gerechtfertigt, während jene, welche die religiösen Gesetze bis auf das Pünktchen des i befolgten, mit eher harten Worten getadelt werden. (Lk 18,10–14)
- „Gott hat uns nicht für sein Zorngericht ausersehen", sagt Paulus, „sondern dafür, daß wir das Heil erreichen in unserem Herrn Jesus Christus." (1 Tess 5,9) (vgl. auch: Röm 8,38–39)
- „Wir haben unsere Hoffnung auf den lebendigen Gott gesetzt. Er ist der Retter aller Menschen...", erklärt der gleiche Paulus (1 Tim 4,10). Und in seinem Brief an Titus definiert er die Freundlichkeit und Menschenliebe unseres Retters. Wir selbst hatten nichts vorzuweisen, womit wir sie verdient hätten; doch Gott hatte Erbarmen mit uns. Er hat uns gerettet..." (Tit 3,4–5)
- „Ich richte niemanden!" – Wort des Sohnes Gottes selbst. (Joh 8,15)
- „Hab keine Angst, deine Schuld ist dir vergeben!" – Gesprochen gegen die vehementen Proteste der anwesenden Priester, Gesetzeslehrer und Pharisäer. (M. 9,2) (vgl. auch Joh 8)

Bei all den hier genannten Beispielen und bei den vielen anderen, die erwähnt werden könnten, werden immer wieder die gleichen Grundtendenzen des Handelns Gottes sichtbar. Es sind *Liebe, Verstehen* und *Verzeihen.*

Wenn ich diese Tatsache formuliere, dann höre ich jedesmal den gleichen Einwand. Mehr oder weniger aggressiv formuliert, und in den meisten Fällen kommt er aus dem Mund der sogenannten Frommen. „Aber", sagen sie, „wozu soll der Mensch sich im Verlauf seines Lebens denn noch anstrengen? Wenn doch nach dem Tod alles eingeebnet und gleich behandelt wird, wozu denn sich während des Lebens zu einer besseren Persönlichkeit entwickeln?"

So sagen sie, und runzeln die Stirn. Und viele erwähnen zu Recht die Tatsache, daß es genau die Reaktion gegen eine solche Gleichmacherei sei, welche auch gute Christen dazu bringe, sich der Wiedergeburts-Lehre zuzuwenden. Wir haben darüber im ersten Teil dieses Buches bereits gesprochen.

Es ist in der Tat so, daß viele Menschen nicht akzeptieren können, daß mit dem Tod alles nivelliert werde, die Schuld der Schuldigen und die Anstrengung der Guten. Das können sie nicht akzeptieren – und sie haben recht!

Genau dies lehrt auch die christliche Religion. Der Tod und die verzeihende Liebe Gottes bedeuten nicht eine allgemeine Gleichmacherei von Verbrechen und guten Taten, das nicht. Im Tod sind nicht alle Menschen gleich und auf dem gleichen Niveau. Das Gegenteil ist wahr.

Im Tod sind die Menschen das, was sie im Leben aus sich machten. Und wenn sie in jenem Leben nach den Parametern Gottes gescheitert sind, dann stehen sie da als Gescheiterte, als Versager, vor den Trümmern ihres gelebten und nicht entwickelten Lebens. Das aber, was nicht entwickelt wurde, muß sich entwickeln, und was in Brüche ging, muß erneuert werden.

Das Modell der Wiedergeburt schlägt als Weg dafür die Wiederholung dessen vor, was schon einmal war, die Wiederholung eines menschlichen Lebens innerhalb anderer geschichtlich-sozialer Parameter. Die christliche Religion hat auch hier wiederum ein originelleres und entschieden dynamischeres Konzept.

Die Wiedergeburts-Lehre sieht als Weg zur Weiterentwicklung eines gescheiterten Lebens die Möglichkeit vor, ein neues menschliches Leben zu beginnen, das eine weitere Gelegenheit zur Entwicklung bietet.
Die christliche Lehre formuliert eine interessantere, dynamischere und originellere Konzeption: Die notwendige Entwicklung erfolgt auf einer neuen Existenzebene, welche die bis jetzt bekannten Dimensionen des Lebens übersteigt.

Gemäß dem Bild, welches das Christentum vom Menschen und von Gott hat, soll der Mensch im Tod nicht gezwungen werden, einen Schritt zurück zu tun, alles wieder von vorne zu beginnen. Menschliche Persönlichkeit kann nicht die Summe von Wiederholungen dessen sein, was im Grunde schon war. Nicht das Gewesene wiederholen, sondern einen Schritt in etwas völliges Neues tun, das ist das christliche Konzept. Die menschliche Evolution bedeutet das Hinausgehen über die bekannten Dimensionen menschlicher Existenz. Es bedeutet das Hineinschreiten in neue Horizonte. Dieses Neue aber ist nicht nur ein neuer historischer und sozialer Kontext, sondern etwas existentielles und fundamental Neues. Jener aber, der den Schritt hinein in dieses Neue tun muß, ist der Mensch selbst. Aber er muß ihn nicht alleine tun! Er wird dabei begleitet und unterstützt durch jenen Gott, der selbst als Mensch erschien in Jesus von Nazaret.

Bei der Entwicklung seiner Persönlichkeit bleibt der Mensch nicht auf sich allein gestellt. Er trifft an seiner Seite einen Gott, der sich unmißverständlich und total dafür aussprach, daß der Mensch gerettet werde. Er begegnet an seiner Seite einem Gott in menschlicher Gestalt. Einem Gott, der mit Menschen solidarisch ist bis in sein Menschsein hinein. Und dieser Gott erklärt, allen mißbilligenden Blicken der Frommen zum Trotz, daß er jeden Menschen liebe. Ja, er geht noch weiter: Sein explizit ausgesprochener Wille in bezug auf die Menschen besteht darin, „daß sie das Leben haben, und daß sie es in Fülle haben". (Joh 10,10)

Im Angesicht dieses Gottes ist es, daß der Mensch nach

seinem einmaligen und definitiven Erdenleben damit beginnen kann, seine Persönlichkeit zu jener Reife zu entwickeln, die er in jenem Leben nicht erreichte.

Der Tod bedeutet nicht eine allgemeine Gleichmacherei aller Menschen.
Nach dem gelebten Leben steht jeder Mensch vor der Aufgabe, die Fragmente seiner Existenz weiter zu vervollkommnen und zur Reife zu entwickeln.
Für diesen Prozeß der Evolution sieht die Wiedergeburts-Lehre die Möglichkeit weiterer Existenzen innerhalb der bekannten Dimensionen eines Erdenlebens vor.
Die christliche Doktrin versteht jene Evolution als einen Schritt nach vorn, als etwas qualitativ Neues, das die schon bekannten Ebenen des Erdenlebens übersteigt.
Der traditionelle Name für diesen qualitativ neuen Entwicklungsweg nach dem Tod heißt *„Fegfeuer“*.

Die Grundüberzeugung des Christentums besteht darin, daß der zweite Schritt menschlicher Evolution, der sich nach dem ersten und einmaligen gelebten Leben vollziehen muß, nicht ein Rückschritt in die Wiederholung der alten Dimensionen eines Erdenlebens sein kann. Er ist im Gegenteil ein Schritt nach vorn, hinein in eine andere, neue und dynamische Seinserfahrung. In eine Erfahrung, die der Mensch bis jetzt nicht machte, und die ihm andere, nie gekannte Horizonte eröffnen kann.

Es ist bedauerlich, daß diese neue Seinserfahrung seit dem Mittelalter mit einem Begriff bezeichnet wird, der in der Tat heute schwierig zu verstehen ist. Sie wird *„Fegfeuer“* genannt.

Als das Wort geprägt wurde, hat man es wahrscheinlich richtig verstanden. Heute aber ist es beladen und belastet mit einem ungeheuren Gewicht von falschen Assoziationen, von negativen und lächerlichen Vorstellungen, von Bildern, die kein moderner Mensch mehr ernst nehmen kann. In der Folge verwerfen viele Zeitgenossen den Begriff, und mit dem Wort verwerfen sie gleich auch dessen Inhalt und erklären, ein sogenanntes Fegfeuer existiere nicht. Als Kompensation optieren dann nicht wenige für die Konzeption der Wiedergeburt. Deren Vorstellung von der notwendigen Evolution der menschlichen Persönlichkeit nach dem Tod scheint ihnen einsichtiger zu sein, rationaler und dem Verständnis des modernen Menschen näher.

Gegen eine solche Zurückweisung und Ablehnung wollen wir zeigen, daß der Gedanke, welcher sich hinter dem mißverständlichen Wort vom Fegfeuer verbirgt, ein sehr einsichtiger Gedanke ist, weit interessanter und logisch konsequenter als das Modell der Lehre von einer Wiedergeburt. Wir wollen zeigen, daß der vielleicht unglückliche Begriff eine Konzeption verdunkelt, die es Wert ist, wiederentdeckt zu werden. Denn der Name Fegfeuer umschreibt in Wirklichkeit eine äußerst dynamische Konzeption, verständlich und sehr modern. Er steht für eine faszinierende Idee. Sie nimmt die Unterschiede der einzelnen gelebten Existenzen ernst und läßt dennoch Raum für das Wirken des Heilswillens Gottes. Es ist der Mühe Wert, sich näher damit zu befassen.

17. Auferstehung geschieht ausgehend von einem dynamischen und aktiven Prozeß der Umkehr, dem sogenannten „Fegfeuer“

Im Tod erkennt der Mensch sich selbst. Er erkennt gleichzeitig die oft ungeheure Distanz, die ihn von Gott trennt. Er erkennt, wie weit entfernt er von dem ist, was wir die Sphäre des Göttlichen nennen, dem Vollbesitz des Lebens, mit einem Wort, dem ewigen Heil. Der Mensch aber ist berufen, in jene Sphäre Gottes einzugehen, an ihr teilzuhaben. Das ist die Berufung des Menschen. Sie ergeht an ihn nicht am Ende seines Lebens, sondern an dessen Beginn. Der Mensch soll bereits im Verlauf seines Lebens in einem fortlaufenden Prozeß hineinwachsen in Gott. Genau dies aber tut er in vielen Fällen nicht. Und so steht er denn am Ende seines Lebens vor hunderten oder vielleicht tausenden vertaner Möglichkeiten, er steht vor Schuld und Versagen, mit einem Wort, er steht vor den Ruinen eines Lebensprojektes, das in so vielen wesentlichen Elementen scheiterte. Jene Annäherung an die Sphäre des Göttlichen, die er im Verlauf seines Lebens fähig gewesen wäre zu vollziehen, er hat sie nicht verwirklicht. Oder er hat sie nur zum Teil verwirklicht. Und nun steht er vor Gott. Er erkennt, was eigentlich das zu verwirklichende Projekt seines Lebens gewesen wäre und wie wenig davon er in die Tat umgesetzt hat. Jetzt aber ist er tot. Sein Leben kam an ein Ende. Das, was er in diesem Leben nicht realisierte, wird er nie mehr realisieren können. Er kann nichts mehr an dem gelebten Leben ändern und nichts mehr verbessern. Sein Leben mit allen Einflüssen und Wirkungen, die es hatte, steht als unveränderliches Faktum fest.

Ausgehend von dieser Situation des Menschen im Tod, postuliert die Wiedergeburts-Lehre die Notwendigkeit eines weiteren Erdenlebens. In ihm soll es möglich sein, das, was in diesem Leben nicht verwirklicht wurde, zu verwirklichen; das, was in diesem Leben schlecht gemacht wurde, zu verbessern.

Ausgehend von der gleichen Situation, bietet der christliche Glaube erneut eine andere Lösung an:

Der Mensch muß nicht wieder von vorn beginnen. Er steht nicht vor der Notwendigkeit, erneut das zu wiederholen, was er schon erlebte, ein menschliches Erdenleben. Er ist nicht auf sich allein zurückgeworfen mit der Auflage, in einem zweiten Versuch das besser zu machen, was ihm im ersten Anlauf nicht gelang. Der Mensch muß nicht alles aus eigener Kraft erreichen.

Denn wer jetzt handelt, ist Gott.

In jenem Augenblick, in dem der Mensch ohnmächtig ist, in dem er nichts an seinem Leben mehr aktiv verändern kann, in jenem Moment wirkt Gott. Und dieser Gott wirkt nicht nach menschlichen Maßstäben, sondern gemäß den Parametern eines Gottes. Wir haben sie bereits kennengelernt, diese Parameter, und wir haben gesehen, da ß es nicht die kleinlichen Maßstäbe menschlicher Legalisten und Gesetzeslehrer sind. Ihnen folgt Gott nicht, denn er ist Gott und kein Mensch. Darum bietet er dem Menschen im Augenblick seines Todes als Geschenk der Liebe all das an, was ihm fehlt. Gratis, als Geschenk, damit dieser Mensch trotz seines nicht verwirklichten Lebensprojektes dennoch in die neue, göttliche Dimension eingehen könne. So handelt Gott, so hat ihn Jesus gezeigt, und deshalb haben die Menschen seine Botschaft als eine Gute Botschaft bezeichnet.

Gott offeriert uns „gratis" all das, was wir selbst nicht erreichten, obwohl wir es hätten erreichen sollen. Denn es ist sein erklärter Wille, daß *alle* gerettet werden. So können wir nachlesen im 2. Petrusbrief: „Der Herr... will nicht, daß jemand verlorengehe, sondern daß alle zur Bekehrung finden." (2 Petr 3,9) (Man vergleiche dazu auch: Röm 8,32; 11,32; 1 Kor 15,22; 2 Kor 5,14–15; 1 Tim 2,6)

Gott will, daß alle Menschen gerettet werden. Gott will die volle und endgültige Evolution dieser Menschen.

Gott will ihre Vollendung, und damit die Menschen diese erreichen, bietet er alle nur mögliche Unterstützung an. So handelt Gott im Tod des Menschen. Er streckt seine Hand aus.

Er bietet gratis und als Geschenk das an, was dem Menschen fehlt, weil er es zeit seines Lebens nicht verwirklichte, obwohl er es hätte tun sollen. Gott will verzeihen!

Im Moment des Todes bietet Gott dem Menschen unentgeltlich all das an, was ihm noch fehlt, um in die göttliche Sphäre eingehen zu können.

Gott ist ein großzügiger Gott. Gleichzeitig aber ist dieser Gott auch ein Gott, der die Persönlichkeit und die Freiheit des Menschen respektiert.

Gott vergewaltigt den Menschen nicht! Dies aber bedeutet, daß er niemanden gegen seinen Willen zu etwas zwingt. Gott handelte nie so. Auch im Tod bleibt der Mensch frei. Er bleibt frei, das Liebesangebot Gottes anzunehmen, oder es abzulehnen. Gott bietet an, über Annahme oder Ablehnung des Geschenkes entscheidet der Mensch.

Ob er das Angebot Gottes annehmen oder ablehnen will, darüber entscheidet auch im Tod alleine der Mensch.

Gott zwingt nicht, denn Gott liebt und möchte wieder geliebt werden. Liebe aber läßt sich nicht durch Befehle erwirken. Liebe beruht auf Werbung und der freien Zusage des Geliebten. Dieser Geliebte aber ist der Mensch. Gott kann nur anbieten. Mehr kann er nicht.

Damit aber wird genau hier die letzte und vielleicht schwierigste Herausforderung sichtbar, die sich dem Menschen stellt: Er muß das Geschenk, das Gott ihm anbietet, auch annehmen. Dies aber zu können bis in die letzten Tiefen seiner Persönlichkeit hinein, dazu ist vielleicht nicht jeder imstande. Um Jasagen zu können in einem absoluten Sich-Hineinwerfen in Gott, dazu braucht es eine bestimmte Persönlichkeitsstruktur. Erinnern wir uns, daß der Mensch im Tod nicht irgendeine Persönlichkeit ist, sondern genau jene, die er zeit seines Lebens aus sich machte, die er aufbaute in den tausenden und tausenden einzelner Entscheide.

Es mag sein, daß ein Mensch in jenen Entscheiden sich bereits dahin entwickelte, vorbehaltlos ja zu sagen zu Gott. Es mag aber auch Menschen geben, die genau dies zeit ihres Lebens nicht taten. Solche Menschen werden auch im Tod nicht fähig sein, problemlos das anzunehmen, was sie während des ganzen Lebens verachteten, ablehnten oder geringschätzten. Solche Menschen gibt es viele. Um im Tod ja sagen zu können, müssen sie sich entwickeln. Sie stehen vor der Notwendigkeit, unter Umständen wesentliche Aspekte ihrer Persönlichkeitsstruktur zu verändern. Sie müssen all ihren Egoismus überwinden, den sie im Leben nicht überwanden und der ihren Charakter immer noch prägt. Sie sind gezwungen, ihren Stolz fahren zu lassen und ihre Überheblichkeit. Mit einem Wort, sie stehen vor der Notwendigkeit einer *Konversion*, einer Umkehr im ursprünglichsten Sinn des Wortes. Sie müssen einen Evolutionsprozeß durchlaufen, und da sie diese Evolution im Leben nicht vollzogen, werden sie sie im Tod vollziehen.

Bei der ersten Begegnung des Menschen mit Gott im Tod steht der Mensch vor der Notwendigkeit, eine letzte und grundlegende Konversion zu durchlaufen.
Eine Umkehr, durch die seine Persönlichkeit sich entwickelt, so daß sie fähig wird, das anzunehmen, was Gott ihr als Geschenk anbietet: das ewige Heil.

Mit dieser Konzeption formuliert die christliche Lehre eine höchst interessante, dynamische und einmalige Sicht dessen, was Tod und erste Begegnung des Menschen mit Gott wirklich sind. Nicht ein passives Mit-Sich-Geschehen-Lassen, sondern im Gegenteil ein höchst aktiver und grundlegender Prozeß der Entwicklung. Ein Geschehen, in dessen Verlauf sich der Mensch entwickelt, um durch diese Evolution fähig zu werden, das anzunehmen, was Gott ihm als Geschenk anbietet. Eine dynamische Persönlichkeitsveränderung hin zu neuen Parametern. Eine Höherentwickung im eigentlichen Sinn, ein

Hinter-Sich-Lassen negativer Persönlichkeitsaspekte. Das Ersetzen jener Aspekte durch neue, positive Inhalte.

All dies geschieht nicht so, wie die Wiedergeburts-Doktrin es lehrt, durch die immer neue Wiederholung der schon bekannten Dimensionen eines Erdenlebens. Es vollzieht sich vielmehr auf einer neuen, auf einer anderen, weit dynamischeren Ebene, in welcher der Mensch als bewußte Person sich der Person Gottes gegenübersieht. Es ist eine Evolution, die nicht auf dem unbewußten und weitgehend verborgenen Niveau des Unterbewußten abläuft, nein, es ist ein bewußter Prozeß. Ein reflektierter und bis ins Letzte durchschauter und durchlebter Vorgang. Ein Geschehen, das der menschlichen Person würdig ist, an dem sie bewußten Anteil nimmt und bei dem sie sich aller positiven und negativen Elemente ihres gelebten Lebens bewußt ist. Diesen bewußten Entwicklungs- und Veränderungsprozeß aber vollzieht das Individuum nicht allein, in der Isolation seines Ich. Es vollzieht ihn in einem Dialog der Liebe mit einem Gegenüber, und dieses Gegenüber ist Gott. Das ist es und nichts anderes, was die traditionelle Lehre des Christentums mit *„Fegfeuer"* bezeichnet.

Fegfeuer hat nichts zu tun mit den mittelalterlichen Vorstellungen von einer kosmischen Folteranstalt.
Der Begriff „Fegfeuer" bezeichnet einen dynamischen und existentiellen Prozeß, den der Mensch im Moment seiner ersten Begegnung mit Gott durchläuft.
Im Verlauf dieses Prozesses kann sich die menschliche Persönlichkeit derart entwickeln, daß sie fähig wird, zur „Fülle des Lebens" zu gelangen.

Auf diese Weise verstanden, erweist sich das sogenannte „Fegfeuer" als das signifikanteste und wichtigste Geschehen im Rahmen der im Tod stattfindenden ersten Begegnung des Menschen mit Gott. Als wesentlichste Elemente in dem dann ablaufenden zeitlosen Entwicklungsprozeß können wir mindestens die folgenden Schritte unterscheiden:

- Der Mensch muß *akzeptieren*, daß es Gott ist, der ihn letztlich rettet.
- Er muß *akzeptieren, daß Gott bei diesem Geschehen zur Erlangung des ewigen Heils nach seinen eigenen Kriterien verfährt.* Der Mensch hat dabei nichts mehr zu fordern und nichts mehr zu verlangen.
- Dies bedeutet, daß der Mensch nun *total und völlig von Gott abhängt*, und diese Abhängigkeit muß er ohne jede Einschränkung akzeptieren.
- In diesem Sinn steht die Person vor der unabdingbaren Notwendigkeit, gewissermaßen *arm zu werden vor Gott.* Sie wird diese existentielle Situation des Arm-Seins vor Gott als Grunderfahrung bis in ihre tiefsten Tiefen durchleben.
- Ausgehend von der Situation der totalen Abhängigkeit von Gott, steht der Mensch dann vor der *Notwendigkeit, sich völlig in die Hände Gottes zu geben.*
- Dieses „Sich-Hineinwerfen in Gott" fordert einen *Akt des totalen und uneingeschränkten Vertrauens.* Solches Vertrauen ähnelt sehr der biblischen Haltung des Glaubens, so daß man auch von einem *letzten und endgültigen Akt des Glaubens* an diesen Gott sprechen könnte.
- Ein solcher Akt des blinden Vertrauens bedeutet gleichzeitig das totale Akzeptieren der Parameter Gottes.
- Einer dieser Parameter ist sicher die Liebe und das Verzeihen. Der Mensch steht damit vor der Notwendigkeit, seinerseits *die Liebe gegenüber Gott und gegenüber all seinen menschlichen Brüdern und Schwestern zu bejahen und zu entwickeln.*
- Solche Liebe bringt unter anderem die Konsequenz, *all meinen Brüdern und Schwestern zu verzeih en und von all jenen Verzeihung zu erbitten, gegenüber denen ich je schuldig wurde.*

  Der Mächtige wird jene um Verzeihung bitten müssen, die er ausbeutet, der Unterdrücker wird vor seinen Opfern knien und darum bitten, daß sie ihm verzeihen. Gleichzeitig aber stehen auch die Opfer und die Unterdrückten vor der Notwendigkeit, ihre Rachegefühle zu überwinden und denen zu verzeihen, die sie darum bitten. Einen solchen bis ins tiefste Wesen des Menschen reichenden Akt des Verzeihens zu setzen, dürfte wohl vor allem all jenen schwerfallen, die in ihrem Leben eine durch Stolz, Arroganz und Überheblichkeit geprägte Persönlichkeitsstruktur entwickelten.

All dies, und vermutlich vieles andere mehr, wird jeder Mensch im Verlauf seiner ersten Begegnung mit Gott im Tod zu leisten haben, um als Persönlichkeit überhaupt fähig zu sein, das Heilsangebot Gottes anzunehmen. Von daher läßt sich wohl ohne Übertreibung sagen, daß jene erste Begegnung den Charakter einer letzten und entscheidenden Konversion annimmt. Eine solche Konversion mag unter Umständen eine tiefgreifende Veränderung und Entwicklung jener Persönlichkeitsstrukturen erfordern, die der Mensch in seinem Leben aufbaute. Es ist einsichtig, daß sie nicht für jeden Menschen mit den gleichen Schwierigkeiten verbunden sein wird. Der Grad der Schwierigkeit und des damit verbundenen „Schmerzes" hängt doch wohl wesentlich damit zusammen, inwieweit die im Tod vorhandene Persönlichkeit mit den von Gott gesetzten Parametern übereinstimmt oder nicht. Niemand von uns ist im Tod ein amorphes, umstrukturiertes und undefiniertes Wesen. Im Tod ist der Mensch genau jene Persönlichkeit, die er im Verlauf seines Lebens aufbaute.

Im Tod hat der Mensch jenen Charakter und jene Persönlichkeitsmerkmale, die er in sich selbst während des Lebens pflegte und entwickelte.

Mit dieser Persönlichkeit muß er das Liebesangebot Gottes und die damit verbundenen Angebote zur Entwicklung annehmen. Je nach den entstandenen Vorlieben und Schwerpunkten dieser Persönlichkeit wir ihm dies leichter oder weniger leicht fallen.[5]

[5] Wir dürfen dabei nicht übersehen, daß ein bestimmter Persönlichkeitstyp zum Entwicklungsangebot Gottes auch nein sagen könnte. Sei es, weil er nicht anders will, oder weil er nicht mehr anders kann. Diese theoretische Möglichkeit besteht, sie ist Teil der menschlichen Freiheit, nein

Entwicklung und evolutive Veränderung von Persönlichkeitsmerkmalen kann sehr wohl ein schmerzlicher Prozeß sein, dies wissen wir aus der Psychologie ebensogut wie aus unserer Alltagserfahrung. Genau diese Tatsache versucht das alte und heute so wenig verstandene Wort vom „Fegfeuer" auszudrücken. Fegfeuer ist weder eine kosmische Folteranstalt noch ein Zustand des Bestraft-Werdens. In der Vergangenheit wurde es oft so dargestellt. Jene Darstellungen aber sind falsch, mögen sie noch so frommen und wohlmeinenden Intentionen entspringen. Sie sind falsch.

Die Wirklichkeit dessen, was wir Fegfeuer nennen, ist eine ganz andere. Fegfeuer ist ein evolutiver, dynamischer und tiefgreifender Prozeß. Jeder Mensch wird ihn je nach den Strukturen seiner Persönlichkeit in ganz verschiedener Weise erleben. Aber er wird ihn nicht erleben als Notwendigkeit der Wiedergeburt. Bei Gott gibt es nicht die endlose Wiederholung des Alten. Stattdessen werden sich ihm ganz neue Dimensionen eröffnen, Daseinsebenen, die er vorher nie erlebte und die er sich nie vorstellen konnte. Ihnen allen aber wird zueigen sein das gleiche Merkmal: Sie sind offen auf Gott hin.

Fegfeuer ist ein evolutiver Prozeß des Menschen nach dem Tod. Er besteht nicht in der Wiederholung eines Menschenlebens. Er verläuft vielmehr innerhalb neuer, nie erlebter Dimensionen, die offen sind für eine menschliche Entwicklung und offen für das, was wir Auferstehung in Gott nennen.

sagen zu können. Die damit verbundene Problematik wird in der traditionellen theologischen Sprache „Hölle" genannt. Man vergleiche dazu die einschlägigen Überlegungen in der zeitgenössischen theologischen Literatur.

18. Auferstehung betrifft den gesamten Menschen in allen seinen Daseinsbezügen

Wir haben bereits im zweiten Teil dieses Buches aufgezeigt, daß es heute nicht mehr möglich ist, eine dualistische Konzeption von Mensch und Welt zu vertreten. Die Vorstellung, daß der Mensch aus zwei fundamental entgegengesetzten Substanzen, Leib und Seele, aufgebaut sei, ist hoffnungslos überholt, sei es von einem anthropologischen, einem philosophischen oder einem biblischen Standpunkt aus.

Die zeitgenössische Anthropologie sieht den Menschen als ein komplexes, gesamtheitliches Wesen mit vielen Dimensionen, und sie befindet sich dabei interessanterweise in Übereinstimmung sowohl mit der Philosophie eines Thomas von Aquin als auch mit dem Menschenbild der Bibel.

Wenn dem aber so ist, dann besteht kein Zweifel daran, daß all das, was dem Menschen geschieht, der Gesamtheit dieses Menschen geschieht. Er lebt als Gesamtheit und nicht als ein Leib und eine davon unterschiedene Seele. Als Gesamtheit nimmt er die Welt in sich auf und schafft eine Geschichte. Diese Geschichte bleibt bis in alle Ewigkeit „seine" Geschichte. Er hat sie gelebt und bewirkt als gesamtheitliches und globales Wesen in einer gesamtheitlichen Welt.

Die Geschichte des Menschen mit der Welt ist immer die Geschichte eines ganzheitlich lebenden Wesens, das mit anderen ganzheitlichen Wesen Beziehungen schafft.

In gleicher Weise aber ist auch die Geschichte Gottes mit der Welt nie ein Handeln mit geistigen Seelen. Gott wendet sich nie an Seelen, er wendet sich immer an den ganzen Menschen innerhalb einer klar definierten, konkreten geschichtlichen Welt.

Im Verlauf seiner gesamten Geschichte mit den Menschen trat Gott nie in Kontakt mit geistigen Seelen. Er wandte sich immer an konkrete, ganzheitliche und körperliche Menschen innerhalb einer konkreten körperlichen Geschichte.

Wenn die Art und Weise, wie Gott mit den Menschen verfährt, immer und überall durch diesen gleichen globalen Charakter gekennzeichnet war und gekennzeichnet ist, dann gilt dies doch wohl auch für das Handeln Gottes im Moment des Todes eines Menschen.

Gegen alle Versuche, den Menschen im Tod auf ein rein geistiges Extrakt zu reduzieren; gegen alle Tendenzen, aus unserem Körper eine bloße Wegwerfhülle zu machen, müssen wir im Hinblick auf das Beispiel Gottes die Ganzheitlichkeit dieses Menschen auch im Tod betonen.

In seinem Tod wird der Mensch nicht auf eine geistige Seele reduziert. Auf eine Seele, der im besten Fall noch ein sogenannter Astralleib zugebilligt wird. Auch in seinem Tod bleibt der Mensch ein gesamtheitliches Wesen, das unlösbar verbunden ist mit seiner körperlich-materiellen Dimension.

Die christliche Tradition ist seit den ersten Jahrhunderten geprägt durch dualistische, neoplatonische und gnostische Einflüsse. Sie alle versuchten immer wieder, den Körper abzuwerten, und es ist ihnen oft auch gelungen.

Ungeachtet aber aller Vergeistigungsversuche, hat sich im christlichen Glauben immer die Überzeugung erhalten, daß Auferstehung des Menschen nicht nur ein geistiges Ereignis sei. Auferstehung des Menschen in Gott ist ein ganzheitlicher Vorgang. Er wurde in der traditionellen Theologie bezeichnet mit „Auferstehung des Leibes" und auf ein hypothetisches Weltende verlegt. Wichtig ist nicht diese kulturgeschichtlich geprägte und heute weitgehend überholte Vorstellung. Wichtig ist, daß selbst ein noch so von dualistischen Einflüssen geprägtes Christentum immer an der Auferstehung des ganzen Menschen festhielt. Auf dieser Basis können wir deshalb auch heute noch bauen. Wenn Gott den Menschen auferweckt, dann ist dies ein Geschehen, das den ganzen Menschen betrifft.

Die Auferweckung des Menschen durch Gott betrifft nicht nur eine unkörperliche Geistseele.
Gott läßt den gesamten Menschen mit allen seinen Dimensionen und mit seiner ganzen Geschichte auferstehen.
Dies aber bedeutet, daß Auferstehung ein Geschehen ist, das auch den Leib des Menschen umfaßt.

In seiner grundlegenden Studie zur Geschichte des Seelenbegriffs in der christlichen Eschatologie akzentuiert Gisbert Greshake zu Recht genau diesen Aspekt. Er sagt zur Frage der Auferstehung des Leibes: „Leib (und damit Geschichte und Welt) werden im Tod nicht einfach zurückgelassen, sondern kommen im Subjekt zur Endgültigkeit: Der Mensch ist im Tod und in der hier stattfindenden Gottesbegegnung genau das, was aus seiner „Leibhaftigkeit", d.h. Welt- und Geschichtsverwobenheit und -gebundenheit geworden ist."[6]

Eine derartige Auferstehung des Leibes aber ist nur denkbar in jenem Augenblick, in dem der Mensch gestorben ist. Aus einer ganzheitlichen Sicht des Menschen heraus ist es unmöglich, daß zwischen Tod und Auferstehung ein gewissermaßen nur geistiges Zwischenstadium eingeschaltet werde, in dem eine Geistseele auf die Auferstehung des Leibes wartet. Dies allein schon deshalb, weil die Vorstellung vom Warten zu einem unlösbaren Widerspruch führt. Denn wie soll eine Seele „warten", wenn der Tod den Menschen doch nach allgemein traditioneller Überzeugung in eine Dimension hineinversetzt, die wir Ewigkeit nennen? Ewigkeit aber kennt keine Zeit. Wo keine Zeit ist, gibt es auch kein Warten. Nach dem Tod des Menschen gibt es keine Zeit mehr, die verstreichen kann.[7]

Die Auferstehung des Leibes vollzieht sich im Moment unseres Todes.

[6] Gisbert Greshake, in: Seele, Problembegriff christlicher Eschatologie, Freiburg-Basel-Wien 1986, S. 151.
[7] Man vergleiche dazu: Renold J. Blank, Leben ohne Todesangst, Mainz 1994, 105ff.

Wenn wir die obige Aussage beibehalten wollen, werden wir augenblicklich mit einem Einwand konfrontiert, der unausweichlich unsere Behauptung in Frage stellt: Es ist der tote Leib des Menschen, der Leichnam, der nicht übersehbar nach dem Tod des Menschen vor mir liegt.

Wie kann jemand aussagen, der Leib werde im Moment des Todes von Gott auferweckt, wenn wir alle diesen Leib noch sehen, wenn wir diesen Leib in die Erde versenken oder verbrennen; sichtbar, hörbar und mit amtlichem Totenschein versehen, so daß niemand auch nur auf den Gedanken kommen kann, es handle sich nicht um den wirklichen Leib des Verstorbenen? Wie soll man sich angesichts derartiger Evidenz eine Auferstehung des Leibes im Tod vorstellen?

Sicher wäre es falsch, sie sich nach Art vergangener Epochen als körperliche Wiederherstellung eines Leichnams vorzustellen.

Auferstehung des Leibes meint viel mehr als die Wiederbelebung eines Kadavers.

Wenn Gott handelt, das haben wir bereits gesehen, dann handelt er kreativ. Wenn Gott wirkt, dann übersteigt sein Wirken die Dimensionen von Zeit und Raum, die der Mensch sich mit seinen Sinnen vorstellen kann. Wenn Gott etwas unternimmt, dann bringt er neue Elemente ins Spiel, nicht vorhersehbare Aspekte und unerwartete Möglichkeiten. Diese fundamentale Wahrheit gilt auch für die Auferweckung des Menschen im Tod. Sie wurde bereits von Paulus formuliert, als er vor der Frage stand, zu erklären, wie man sich die Auferstehung des körperlichen Menschen vorstellen sollte.

„Vielleicht fragt einer: ‚Wie soll denn das zugehen, wenn die Toten auferstehen? Was für einen Körper werden sie dann haben?‘ – Wie kannst du nur so fragen! Wenn du einen Samen ausgesät hast, muß er zuerst sterben, damit die Pflanze leben kann. Du säst nicht die ausgewachsene Pflanze, sondern nur den Samen, ein Weizenkorn oder irgendein anderes Korn. Gott aber gibt jedem Samen den Pflanzenkörper, den er für ihn bestimmt hat... So könnt ihr euch auch ein Bild von der

Auferstehung der Toten machen. Was in die Erde gelegt wird, ist vergänglich; aber was zum neuen Leben erweckt wird, ist unvergänglich. Was in die Erde gelegt wird, ist schwach und häßlich; aber was zum neuen Leben erweckt wird, ist stark und schön! (1 Kor 15,35–43)

Bereits in diesem alten Text aus den Anfängen der Kirche wird die Vorstellung verworfen, daß Auferstehung als Revitalisierung eines Leichnams zu verstehen sei. Der als Leib auferstandene Mensch hat andere Dimensionen, neue Dimensionen, welche die Charakteristiken der uns bekannten Materie übersteigen. Gleichzeitig aber behält der menschliche Leib seine materielle Dimension. Dies zu betonen erscheint uns wesentlich. Es handelt sich nicht um einen reinen Geist, es handelt sich um Leib, um einen Menschen, und ein Mensch ist immer ein Körperwesen, sonst ist er kein Mensch.

Dieses auferstandene Körperwesen hatte eine Geschichte, und diese Geschichte ging nicht verloren, nein, sie wird bewahrt, sie ist auch im auferstandenen Menschen da. Sein Schmerz und seine Freuden, seine Ängste und die Spuren, die er in der Welt hinterließ, das ganze körperliche und konkret faßbare Geschehen seines Lebens, es wurde immer gelebt in den Dimensionen eines Leibes. Als solches ist es Bestandteil auch des auferstandenen Menschen, denn es ist ja seine Geschichte.

Diese Tatsache erscheint bereits ausgeprägt in den Berichten über den auferstandenen Jesus.

Er ist kein Geist, denn er ißt und trinkt und man kann ihn berühren. (Lk 24,39; Mt 28,9; Lk 24,42; Joh 20,27)

Man kann die Finger in die Wunden seiner Kreuzigung legen und sie ertasten. Er spricht und bewegt sich im Raum.

Gleichzeitig aber geht er durch geschlossene Türen und Fenster hindurch (Joh 20,19.26) Seine Jünger erkennen ihn nicht auf den ersten Blick (Joh 20,14; 21,4; Mk 16,12; Lk 24,16).

Obwohl er andere und neue Dimensionen annimmt, bleibt der auferstandene Mensch ein leibhaftiger Körper.

Wie aber soll man sich etwas derartiges vorstellen? Entweder verfällt man auf irgendeine Art dem Vorstellungsmodell von einem revitalisierten Leichnam; oder aber man durchbricht völlig den Bezug mit jenem Leib, der uns im Verlauf unseres Lebens formte.

Angesichts dieser Problematik haben bis heute eigentlich so ziemlich alle theologischen Deutungsmodelle versagt. Im allgemeinen haben sie sich in Richtung einer Spiritualisierung und Vergeistigung verloren. In deren Verlauf büßte der konkrete physische Körper Schritt für Schritt seine Konkretheit ein und wurde zu einer rein personalistischen Abstraktion. Dies etwa in dem Sinn, daß gesagt wurde, der eigentliche Leib des Menschen sei das, was er in seinem Leben getan hätte, seien die Einflüsse, die er zeit seines Lebens ausgeübt hätte.

Gegen die Gefahr solch personalistischer Reduktion möchten wir im folgenden ein anderes Modell vorstellen. Ein Modell, das sich auf einige der modernsten und aktuellsten Ergebnisse der zeitgenössischen Erkenntnistheorie abstützt, der sogenannten evolutionären Erkenntnistheorie.

Einige der jüngsten Erkenntnisse dieser Disziplin lassen sich direkt auf die traditionelle Problematik anwenden, wie denn die Auferstehung des Leibes im Tod zu denken sei, trotz der sichtbaren Gegenwart eines Leichnams. Sie führen zu einer überraschend einsichtigen und logischen Erklärung.

18.1 Ein neues Modell dessen, was Auferstehung des Leibes im Tod bedeutet

Seit Immanuel Kant, dem großen Philosophen des 18. Jh., nahm die Erkenntnistheorie allgemein an, daß unsere Sinne uns nichts Sicheres über die uns umgebende Außenwelt mitteilen könnten. Ausgehend von einer im 20. Jh. möglich gewordenen Korrelation zwischen Erkenntnistheorie, Evolutionstheorie und Verhaltensforschung, konnte die Kantsche Hypothese überprüft und gleichzeitig wesentlich modifiziert werden:

Die menschlichen Sinne informieren uns in der Tat nicht absolut getreu über die uns umgebende Welt. Die physische Welt umfaßt weit mehr Dimensionen als jene, welche unsere Sinne zu erfassen vermögen. Die Art und Weise, wie wir die Welt erkennen, so sagt es heute die evolutionäre Erkenntnistheorie, ist eine in Millionen von Jahren entstandene Adaptation an unsere Umwelt.

Die wirklichen Strukturen sind anders, weit komplexer und vielschichtiger. Um aber in dieser komplexen Umwelt überleben zu können, hat der Mensch Sinne entwickelt, die ihm einige der zu diesem Überleben notwendigen Strukturen herausfiltern und übermitteln. Das Bild, das wir von der Welt haben, ist somit in einigen Aspekten zwar richtig, aber es ist ein äußerst vereinfachtes Abbild der Wirklichkeit. Die Wirklichkeit selbst ist weit komplexer.

„So wie das Auge aus dem elektromagnetischen Spektrum genau den Ausschnitt herausfiltert, der für das Überleben wichtig ist (weil die Atmosphäre für diesen Teil des Spektrums durchlässig ist und die Sonnenstrahlung dort ein Maximum hat...), so passen unsere Anschauungsformen und Kategorien gerade auf die Welt der alltäglichen Erfahrungen...
Im Rahmen der evolutionären Erkenntnistheorie erscheint es deshalb geradezu als ein vermessener Anthropomorphismus anzunehmen, die Welt müsse in allen Bereichen genau so strukturiert sein, wie wir sie in den mittleren Dimensionen erfahren oder rekonstruieren.“[8]

Die hier formulierte Perspektive der zeitgenössischen Erkenntnistheorie eröffnet neue Möglichkeiten zum Verständnis des bereits genannten Problems: Wie läßt sich Auferstehung des Leibes mit der nach wie vor undiskutablen Gegenwart eines Leichnams vereinen?

Das Problem besteht, und es läßt sich so lange nicht lösen, als wir daran festhalten, die Materie besitze genau jene Di-

[8] Gerhard Vollmer, Evolutionäre Erkenntnistheorie, Stuttgart 1981, S. 164.

mensionen, die wir erkennen. Sobald wir uns aber dessen bewußt werden, daß die Sinne uns nicht ein getreues Abbild der Wirklichkeit vermitteln, löst sich auch der scheinbare Widerspruch auf. Jede materielle Wirklichk eit besitzt mehr Dimensionen als jene, die wir mit unseren Sinnen aufnehmen. Unser Leib ist ein Element der materiellen Wirklichkeit. Da diese Wirklichkeit mehrdimensionaler ist als wir es erkennen, umfaßt auch unser Leib Dimensionen, die das menschliche Erkennen übersteigen. Er besitzt Dimensionen, die wir nie im Leben kennenlernen, weil unsere Sinne nicht fähig sind, sie zu erkennen. Sie aber existieren unabhängig von unseren Sinnen, genau wie Kurzwellen existieren, unabhängig davon, ob ein Radio dafür gebaut sei, sie zu empfangen.

Im Verlauf unseres Lebens erkennen wir die Welt wie durch einen Filter. Er läßt jene Daseinsbereiche des Leibes in unser Bewußtsein gelangen, die für unser Überleben notwendig sind, die anderen filtert er heraus. Wir erkennen sie nicht, obwohl sie existieren. Es sind reale Dimensionen der uns umgebenden materiellen Welt und damit auch reale Dimensionen des Körpers. Wir aber erkennen von diesem Körper nur genau das, was die Filter unserer Sinne uns von ihm übermitteln. Die anderen, die „Supra-Dimensionen" dieses gleichen Körpers, erfassen wir nicht, obwohl sie vorhanden sind und an unserem körperlichen Leben teilnehmen. Diese Dimensionen werden wir erst nach dem Tod erkennen und bewußt erleben. Erst dann wird der Mensch endlich die Gesamtheit aller Daseinsebenen seines Körpers erfassen und leben. Angefangen von den einfachsten, die Sinne übersteigenden Aspekten, bis hin zu jener Sphäre, wo materielle mit göttlichen Dimensionen sich verbinden. Er erlebt im wahrsten Sinn des Wortes eine „Auferstehung des Leibes".

Weltsicht und Leib-Erfahrung des Menschen, basierend auf dem Modell der evolutionären Erkenntnis-Theorie

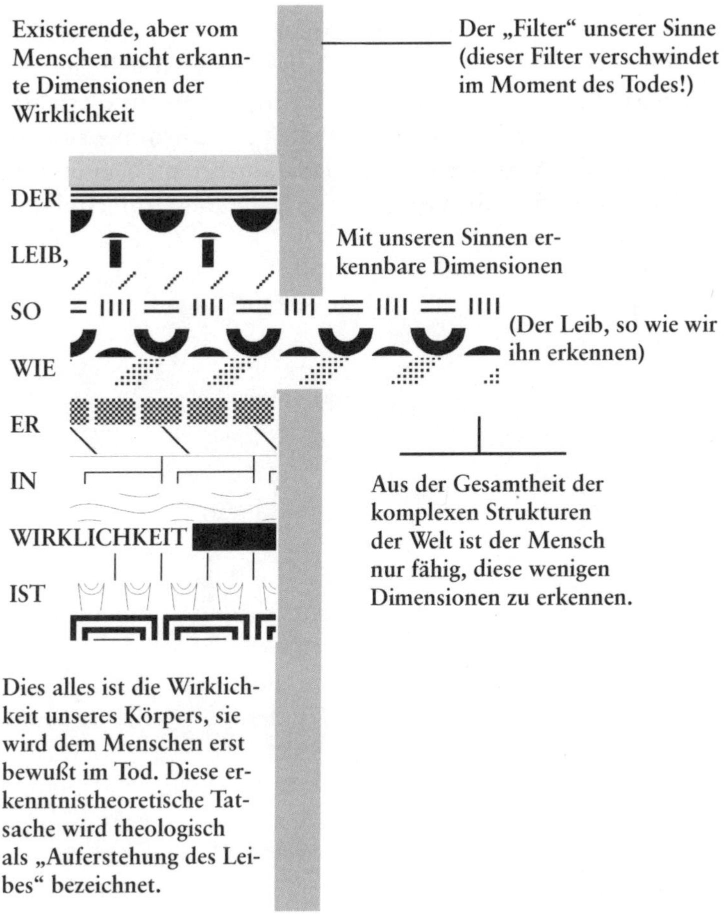

Materie hat weit mehr Dimensionen als jene, die der Mensch zeit seines Lebens erlebt.
Erst im Tod wird die Beschränkung durch die Filter der Sinne aufhören. Damit lebt der Mensch erstmals bewußt und in voller Intensität all das, was schon immer sein Leib war, ohne

daß er es wußte. Dieser Leib ist umfassend und vielschichtig. Mit ihm hat der Mensch gelebt, er wurde geprägt durch alle leibhaften Bezüge, auch dann, wenn der Mensch dies nicht erfaßte.

Der im Tod zurückgelassene Leichnam wird im Tod überflüssig. Er war aber während des Lebens wesentlich als die reduzierte Form dessen, als was ich Körper lebte und erlebte. Dieses Erleben der Leiblichkeit in allen Daseinsdimensionen, bis hin zu ihrer Verflechtung mit dem Göttlichen, beginnt erst im Tod. Es wird in theologischer Sprache die „Auferstehung des Leibes" genannt.

19. Auferstehung bedeutet die Fülle des Lebens. Sie wird erreicht und erlebt durch die Gnade Gottes

Wenn Gott den Menschen vom Tod auferweckt, dann weckt er ihn in seiner Gesamtheit auf. Diese Auferweckung ist eingeschlossen in dem, was wir auch das ewige Heil des Menschen nennen. Sie wird dem Menschen zuteil durch die Gnade Gottes.

Im landläufigen Verständnis dessen, was ewiges Heil bedeutet, entdecken wir wieder die bereits bekannte Problematik einer dualistischen Weltsicht.

Im Denken vieler Christen dreht sich die ganze religiöse Thematik primär und in erster Linie um das sogenannte „Heil der Seelen“. Gott aber wirkt nie mit Seelen. Wenn er wirkt, dann mit Menschen in der Gesamtheit ihrer Leiblichkeit und ihrer Geschichte.

Konsequenterweise bedeutet auch die Auferstehung ein Geschehen, das die Gesamtheit des Menschen betrifft. Sie ist ein Ereignis, das diesen Menschen in seinem ganzen Sein und in allen seinen Wirklichkeitsbezügen verändert. Die Richtung dieser Veränderung aber ist klar im Wirken Gottes vorgezeichnet. Es ist eine Veränderung hin zur Gesamtheit und letztmöglichen Vollendung dessen, was wir „das Leben des Menschen“ nennen. Zu dieser Fülle und Vollendung aller Lebensdimensionen gelangt der Mensch durch keine noch so intensive und oft wiederholte Anstrengung. Die absolute Fülle, der Reichtum und die Vollendung all dessen, was Leben heißt, kann dem Menschen nur geschenkt werden durch jenen, der selbst die Fülle des Lebens ist, nämlich durch Gott. Jener Mensch aber, dem sie geschenkt wurde, kann in Tat und Wahrheit sagen, daß er das erreichte, was wir in theologischer Sprache „das ewige Heil“ nennen.

Dieses Heil aber ist weit mehr als das Heil einer Seele.

Ewiges Heil des Menschen ist in letzter Bedeutung ein kosmischer Prozeß, der über das Individuum hinausreicht. An ihm nehmen teil auch alle anderen Lebewesen und darüber hinaus die Schöpfung in ihrer Gesamtheit.

Ewiges Heil ist ein umfassender und dynamischer Prozeß, in dessen Verlauf Gott die Gesamtheit seiner Menschen und die Gesamtheit des Kosmos hineinführt in das, was er selbst „das Leben in Fülle und Vollkommenheit " nennt. (vgl. Joh 10,10)

Die Fülle des Lebens, nicht nur für Seelen, sondern für die ganze Schöpfung, das ist das Ziel des Heilsplanes Gottes. Denn dieser Gott ist ein Gott des Lebens, und sein expliziter Wunsch ist dieser: Alles, was er schuf, soll teilnehmen an seinem eigenen Leben, soll Leben in Fülle haben, soll das ewige Heil erreichen. „In diesem Sinn wird deutlich, daß der Prozeß der Erlösung und Errettung des Menschen sich nicht allein auf eine sogenannte spirituelle Ebene beschränkt. Wenn wir Erlösung und ewiges Heil des Menschen nicht als statische Größen auffassen, sondern als dynamischen Prozeß in Richtung auf mehr Leben, ja hin auf das Leben in vollkommener Fülle hin, dann sind darin nicht nur alle Dimensionen des Menschseins mitenthalten, sondern darüber hinaus auch die gesamte Welt mit allen ihren Strukturen, ja der Kosmos selbst."[9]

Ewiges Heil des Menschen bedeutet, daß Gott diesem Menschen das Leben in vollkommener Fülle geben will.

Dieses Leben in Fülle ist nicht nur Leben für eine geistig-spirituelle Dimension des Menschen. Es bedeutet Leben für den Menschen in seiner Gesamtheit, für die Welt in ihrer Gesamtheit, für den gesamten Kosmos, in allen Dimensionen des Seins.

Damit sind wir am Ende unserer Reflexionen über das letzte Ziel und die letzte Vollendung des Menschen angelangt. Vollendung, die sich nach Ablauf eines einzigen Lebens vollzieht.

Vollendung, die nicht erreicht wird durch menschliche Anstrengung, wie verzweifelt oder ernsthaft sie auch sei.

[9] vgl.: Renold J. Blank: Nosso mundo tem futuro, São Paulo 1993, S. 63.

Vollendung, deren Verwirklichung in der nicht vorstellbaren Liebe dessen ruht, der den Menschen schuf.

Er schuf ihn nicht dazu, daß er in einem nicht endenden Zyklus von Wiedergeburten für sich selbst seine Vollen dung schaffe. Er schuf ihn mit der einzigen Absicht, daß dieses unvollendete Wesen Mensch, dieses unstabile und tastende Bild seiner selbst, in ihm, seinem Schöpfer, eine ewige Vollendung finde.

Denn dieser Schöpfer ist ein Gott, der liebt. Ein Gott, der in leidenschaftlicher Liebe für sein Geschöpf entbrannte, darum auch will er selbst das letzte und unendliche Ziel dieses Geschöpfes sein.

Gibt es ein besseres Schicksal als dies? Und was wäre das für ein Verliebter, der eine undefinierte Zeitspanne von sich immer dahinziehenden Wiedergeburten verstreichen ließe, um endlich die Geliebte bei sich zu haben? Ein einziges Leben genügt, denn Gott hat sich in seine Menschen verliebt. Gott wartet auf den Menschen.

Und deshalb erweckt er ihn nach einem einzigen Leben zu neuer Gemeinschaft mit ihm selbst. Damit dieser Mensch für immer bei ihm sei, das ist sein Wunsch. Daß der Mensch geborgen sei in der Liebe Gottes und – ich zögere, es zu formulieren – daß Gott geborgen sei in der Liebe des Menschen.

Das ist unser aller Ziel und letztes Schicksal.

Geborgen sein in der Liebe, in der Fülle des Lebens, die Gott selbst ist, die Auferstehung und das Leben für uns alle.

Renold J. Blank bei Grünewald

Leben ohne Todesangst
Mit einem Vorwort von Marie Veit
und 11 s/w-Schaubildern
136 Seiten. Kartoniert

Berichte von „klinisch Toten“ und sogenannten Nahtodeserfahrungen begegnen uns ständig in Zeitungen und Illustrierten. Was ist davon zu halten? Renold J. Blank geht dieser Frage nach und deutet vor diesem Hintergrund ohne jeden theologischen Fachjargon die christliche Botschaft von einem Leben nach dem Tod glaubwürdig und neu.

Ein Gott, der alle Fesseln sprengt
Mit zahlreichen s/w-Graphiken
120 Seiten. Kartoniert
Klar und allgemein verständlich stellt sich Renold J. Blank der Frage, ob es Gott wirklich gibt, und wenn ja, was das für jeden einzelnen von uns und für die Menschheit insgesamt bedeutet. Das Buch enthält zahlreiche Schaubilder, Graphiken und Arbeitsblätter zur persönlichen Vertiefung, aber auch zur Arbeit mit Gruppen.
Eine ideale Grundlage für Religionsunterricht und Bildungsarbeit!

Matthias-Grünewald-Verlag · Mainz